DRA. MARY C. NEAL

IDA Y VUELTA AL CIELO

La Dra. Mary C. Neal es cirujana ortopédica. Estudió en la Escuela de Medicina de
la Universidad de California en Los Ángeles
(UCLA), terminó su residencia ortopédica en
la Universidad del Sur de California (USC) y
es especialista en cirugía de la columna vertebral. Fue directora de cirugía de la columna
en la USC y es socia fundadora de Orthopedic
Associates of Jackson Hole. Su experiencia de
vida después de la muerte ha sido comentada
en medios nacionales como *WGN*, *Dr. Oz* y *Fox
and Friends*. Ha trabajado como líder de su
iglesia, en las juntas de varias organizaciones
sin ánimo de lucro y creó el Willie Neal Envi-
ronmental Awareness Fund, fondo dedicado
a la conciencia del medio ambiente. La Dra.
Neal vive con su familia en Jackson Hole, WY.

IDA Y VUELTA AL CIELO

IDA Y VUELTA AL CIELO

*La verdadera historia de una doctora
sobre su muerte y regreso a la vida*

DRA. MARY C. NEAL
TRADUCCIÓN DE OMAR AMADOR

*Vintage Español
Una división de Random House, Inc.
Nueva York*

PRIMERA EDICIÓN VINTAGE ESPAÑOL, DICIEMBRE 2012

Copyright de la traducción © 2012 por Vintage Books,
una división de Random House, Inc.

Todos los derechos reservados. Publicado en los Estados Unidos de
América por Vintage Español, una división de Random House, Inc.,
Nueva York, y en Canadá por Random House of Canada Limited,
Toronto. Originalmente publicado en inglés en EE.UU. como *To Heaven*
and Back: A Doctor's Extraordinary Account of Her Death, Heaven, Angels,
and Life Again: A True Story por CreateSpace en 2011, y posteriormente
por WaterBrook Multnomah, un sello del Crown Publishing Group,
una división de Random House, Inc. Copyright © 2011, 2012 por
Mary C. Neal.

Vintage es una marca registrada y Vintage Español y su colofón son
marcas de Random House, Inc.

El editor desea expresar sus sentidos agradecimientos por los siguientes
permisos:

Los textos bíblicos han sido tomados de las siguientes versiones de la
Biblia: LA BIBLIA DE LAS AMÉRICAS® (LBLA), copyright © 1986, 1995,
1997 por The Lockman Foundation. Usado con permiso. LA SANTA
BIBLIA, NUEVA TRADUCCIÓN VIVIENTE (NTV), copyright © 2010
por Tyndale House Foundation. Usado con permiso de Tyndale House
Publishers, Inc., 351 Executive Dr., Carol Stream, IL 60188, Estados
Unidos de América. Todos los derechos reservados. REINA VALERA
CONTEMPORÁNEA® (RVC), copyright © Sociedades Bíblicas Unidas,
2009, 2011. Usado con permiso.

Biblioteca del Congreso de los Estados Unidos
Información de catalogación:
Neal, Mary C.
[To heaven and back. Spanish]
Ida y vuelta al cielo : la verdadera historia de una doctora sobre su
muerte y regreso a la vida / by Dra. Mary C. Neal ; traducción de Omar
Amador.—Primera edición Vintage Español.
pages cm
ISBN 978-0-345-80492-1
1. Near-death experiences—Religious aspects—
Christianity.   2. Heaven—Christianity.   3. Spiritual biography.   I. Title.
BT848.N43A3 2012b
236'.2—dc23
2012042769

Traducción de Omar Amador

www.vintageespanol.com

Impreso en los Estados Unidos de América
10   9   8   7   6   5   4

Dedico este libro a Dios:

Tú me diste vida

y yo vivo por tu gloria.

CONTENIDO

Agradecimientos   xiii

Prólogo   xv

Introducción   xix

Capítulo 1   Los primeros años   1

Capítulo 2   Fuera de control   7

Capítulo 3   México   11

Capítulo 4   Renacimiento espiritual   15

Capítulo 5   Dios es fiel   21

Capítulo 6   Una actitud de alegría   25

Capítulo 7   Dios grita cuando es necesario   31

Capítulo 8   Romper las cadenas   39

Capítulo 9   Una aventura en Chile   43

Capítulo 10   Muerte en el río   51

Contenido

Capítulo 11	Mi rescate	55
Capítulo 12	De regreso a casa	63
Capítulo 13	Ángeles junto al río	71
Capítulo 14	El regreso a Wyoming	77
Capítulo 15	El poder de la oración	83
Capítulo 16	Una visión clara	87
Capítulo 17	Conversación con un ángel	93
Capítulo 18	La unidad de atención al paciente	101
Capítulo 19	Mi recuperación física	107
Capítulo 20	Bob	119
Capítulo 21	Mi querido George	125
Capítulo 22	Inspiración para otros	131
Capítulo 23	Dios retira la piedra	139
Capítulo 24	Willie	143
Capítulo 25	Bill	151
Capítulo 26	Chad	155
Capítulo 27	Compulsión de escribir	159
Capítulo 28	El día más largo del año	165
Capítulo 29	Mi hijo precioso	169
Capítulo 30	El otro lado del tiempo	173

Contenido

Capítulo 31	Dones de compasión	179
Capítulo 32	El momento oportuno	185
Capítulo 33	Conclusiones lógicas	193
Preguntas y respuestas con la Dra. Neal		203

"Este es el comienzo de un nuevo día.

Dios me ha dado este día para usarlo como yo quiera.

Puedo malgastarlo o crecer en su luz y ser útil a los demás.

Pero lo que yo haga con este día es importante porque

he cambiado un día de mi vida por él.

Cuando llegue mañana, hoy ya se habrá ido para siempre.

Espero no arrepentirme del precio que pagué por él".

—Anónimo

AGRADECIMIENTOS

Este libro está escrito con agradecimientos especiales a:

- Bill Neal, por ser mi amoroso, paciente, gracioso, talentoso y devoto compañero en la vida.

- Willie, Eliot, Betsy y Peter Neal, por su constante inspiración, asombro y profunda belleza. Ustedes son la fuente de mi mayor alegría y mi más profunda tristeza, pero mi vida estaría desierta sin la experiencia de cada uno de ustedes.

- Ellen Nolan, David Pfeifer, Sophie Craighead, Reverendo Dr. Paul Hayden, Terri Hayden, Cindy Leinonen, Mark Barron, Elizabeth Gerdts y Kasandra Loertscher, sin los cuales nuestra familia no habría sobrevivido ni estaríamos hoy donde estamos.

- Tom, Debbi, Kenneth, Anne, Chad, Krista, Tren y Linzie Long, por traerme de regreso a la Tierra y por ser una parte tan amorosa de nuestra familia.

- Betty Thum, por darme siempre amor y apoyo incondicional. Ruego porque yo les pueda dar lo mismo a mis propios hijos.

- George Thum, Paulita Neal, Edwin Pounder, Robert Hume y Bill Hume, por todas las formas en que me han querido y me han estimulado.

- Mi hermandad YaYa: Linda Purdy, Susan Farquhar, Kelly Kiburis, Becky Patrias, Julie Connors, Ann Bayer y Susan Marks, quienes me han querido y apoyado durante más de cuarenta años.

- Robin Steinmann, Corrine Alhum, Barb Forbes, Natalie Stewart y Sherry Pointsett, por ayudarme a entender el poder de la plegaria.

- Marta Lozano, por tu continuo apoyo y por tolerar mi trabajo en este libro en lugar de llenar mis expedientes médicos.

- Todas las personas que no he mencionado y que me han ayudado a convertirme en la persona que soy hoy.

PRÓLOGO

"Las cosas mejores y más hermosas de este mundo no pueden verse o siquiera oírse, pero deben sentirse con el corazón".

—Helen Keller

Dios y sus mensajeros angélicos están presentes y activos en nuestro mundo actual, y tanto su participación como su intervención son ordinarias por su frecuencia, y extraordinarias por su naturaleza. Pese a haber llevado una vida que considero muy normal, he tenido el privilegio de sentir la presencia de Dios de forma visible y muy tangible. Una de esas experiencias comenzó el 14 de enero de 1999, cuando estaba de vacaciones en Sudámerica con mi esposo. El kayak en el que yo navegaba se dio vuelta. Quedé atrapada bajo el agua y me ahogué. Morí y fui al Cielo. Después de una breve permanencia, fui devuelta a mi cuerpo y egresé a mi vida terrenal con las dos piernas destrozadas y graves problemas pulmonares. Estuve hospitalizada durante más de un mes, confinada a una silla de ruedas por aún más tiempo, y no pude volver a asumir la práctica de cirugía ortopédica durante más de seis meses.

Muchos han descrito mi accidente como terrible y trágico. Yo lo describo como uno de los regalos más grandes que he recibido. La serie de eventos relacionados con mi accidente y recuperación fueron milagrosos. No solo tuve el privilegio de conocer el paraíso, sino que continué sintiendo la intensidad del mundo de Dios y conversé con Jesús varias veces durante las semanas que siguieron a mi regreso.

Gracias a estas experiencias, pude comprender muchos de los misterios importantes de la vida, como: "¿Qué sucede cuando morimos?", "¿Por qué estamos aquí?" y "¿Por qué suceden cosas malas a personas buenas?". También comprendí lo que dijo el discípulo Pablo en *1 Corintios 13*, que entre la fe, la esperanza y el amor, el más perdurable es el amor. Para entonces ya tenía razones para creer en milagros, pero el haber viajado al Cielo y vuelto a la vida transformó mi fe en certeza y mi esperanza en realidad. Mi amor siguió igual y eterno.

Una de las muchas razones de mi regreso a este mundo fue para poder contar mi historia a otros, y ayudarles a encontrar su camino de vuelta hacia Dios. Durante el comienzo de mi recuperación, me invitaron a contar mi historia a pequeños grupos en mi comunidad, y esas personas compartieron mi historia con sus amigos y parientes. Luego empezó a difundirse en muchos lugares del país, y a menudo me hablaron del profundo impacto que mi historia había tenido en las vidas de las personas que la habían escuchado. Al compartirla, me di cuenta de que mi historia realmente no es solo mía, sino que le pertenece a Dios y debe ser compartida. Ha ayudado a mucha gente a perder el temor a la muerte y desear llevar una vida plena y llena de significado. Mi historia ha profundizado la fe de las personas y les ha dado esperanzas para el futuro.

NOBLESSE OBLIGE: *CON EL PRIVILEGIO VIENE LA RESPONSABILIDAD*

Dios no nos da una lámpara para que la escondamos debajo de una cesta o una cama. Él nos da a cada uno una lámpara para permitirnos iluminar el mundo. La luz siempre disipa el vacío y la oscuridad. Por ello sentí que aun si una sola persona se acercara a Dios al leer mi historia, valdría la pena haberla escrito.

Así comencé a anotar todas mis observaciones y experiencias.

Lo que no sabía mientras trabajaba para terminar el manuscrito es que en la sensación de urgencia que me impulsaba a completarlo, también estaba la mano de Dios. Porque sucede que la historia no terminaba allí…

INTRODUCCIÓN

"Oye, oh Dios, mi clamor; atiende mi oración.
Desde los confines de la tierra te invoco, cuando mi
corazón desmaya.
Condúceme a la roca que es más alta que yo".

—Salmo 61:1-2 (LBLA)

La lluvia del día anterior había saturado la angosta carretera en las remotas montañas de México. Estaba por caer la noche y todavía estábamos a varias horas de distancia de la autopista principal cuando nuestro viejo camión resbaló del camino e inmediatamente se hundió en el espeso lodo que formaba el arcén de la carretera. Nuestro grupo de viajeros consistía en una pareja de misioneros, un adolescente, un bebé y yo, que entonces tenía quince años. Las ruedas de nuestro camión no podían avanzar por el terreno, y pronto todo el vehículo estaba sumergido hasta los ejes. Nuestra angustia aumentó rápidamente, ya que sabíamos que sería una tarea casi imposible liberar las ruedas del camión. Sería igualmente imposible caminar hasta un lugar donde pudiéramos encontrar ayuda.

No estábamos preparados para un retraso como ese. El bebé necesitaría alimentos y al caer la noche la temperatura bajaría considerablemente. Debíamos poner el camión de nuevo en funcionamiento con urgencia, pues habíamos viajado por este remoto camino varias veces y nunca habíamos visto otro vehículo. Hicimos varios intentos de liberar las ruedas. La profundidad del lodo parecía no tener límites y nuestros esfuerzos resultaban vanos. Mientras trabajábamos, comenzamos a orar con gran fervor, pidiendo específicamente a Dios que "pusiera roca debajo de nosotros" lo antes posible.

Apenas habíamos emitido esas palabras cuando nos sorprendió ver una vieja camioneta que avanzaba por el camino. El conductor se había equivocado de dirección e intentaba encontrar el camino a la autopista principal. Cuando le explicamos nuestro problema, se ofreció gentilmente a llevarnos a la ciudad. La cabina era demasiado pequeña para todos, pero subimos felices a la parte trasera y, riendo, nos acomodamos entre su cargamento… de rocas. Ver las rocas nos llenó de dicha: nuestras oraciones habían sido escuchadas.

¿Fue esta la respuesta a nuestro específico ruego? ¿Es que Dios, aunque con cierto sentido de humor, intervino en nuestras vidas y respondió a nuestras oraciones? ¿Sería el camionero un ángel u otro mensajero de Dios? ¿Fue esto un milagro? Tal vez fue solo suerte o coincidencia. Una *coincidencia* se define como "una incidencia accidental de eventos que parecen estar vinculados". Y *suerte* es "una fuerza que trae buena fortuna o adversidad". Personalmente, yo llamo a eso un milagro: un "evento que es considerado una obra de Dios".

La Biblia describe varias situaciones en las que Dios envía a sus ángeles para brindar ayuda a quienes la necesitan; a menudo en momentos de agitación, en situaciones que ponen la vida en peligro o en el momento de la muerte. Los milagros parecen ser universales y son reportados por católicos, protestantes, musulmanes e hindúes. El Corán describe un milagro como "una intervención sobrenatural en la vida de un ser humano". La Iglesia Católica los describe como "obras de Dios", usualmente con un propósito específico, tal como la conversión de una persona a la fe. El *Merriam-Webster Collegiate Dictionary* define un milagro como "un evento extraordinario donde se manifiesta la intervención divina".

Los cínicos aducen que los milagros van contra las leyes de la naturaleza y que, por lo tanto, no pueden ocurrir. Pero descritos por otros que creen, como yo, hay formas diferentes de percibir un milagro.

Situación Número 1
Una bola es lanzada desde una altura determinada y cae al suelo. Obedece las leyes de la naturaleza.

Situación Número 2

Una bola es lanzada desde una altura determinada y cae al suelo. Una mano la atrapa. La bola nunca llega a tocar el suelo. La bola ha obedecido las leyes de la naturaleza, pero una mano ha intervenido. Si la mano hubiera sido de Dios, hubiéramos sido testigos de una intervención divina sin contrariar las leyes de la naturaleza.

Creo que Dios escuchó nuestro clamor desde ese remoto camino en México y decidió ayudarnos. Pese a que la respuesta no fue la que esperábamos, Dios respondió a nuestro pedido específico: puso roca debajo de nosotros.

Como sucede a la mayor parte de las personas, a lo largo de los años he puesto en duda mi espiritualidad. Me he planteado la existencia de Dios, el papel de Dios en mi vida, me he preguntado por qué permite que ocurran tantas cosas malas y he dudado sobre la realidad de la vida después de la muerte. Pese a estas dudas, a partir de esta experiencia juvenil he sido testigo de innumerables casos de oraciones escuchadas e intervención divina. Morí ahogada mientras practicaba kayak durante unas vacaciones en América del Sur, y tuve el enorme placer, privilegio y regalo de ir al Cielo y regresar. Tuve la oportunidad de conversar con ángeles y hacerles preguntas. Aprendí mucho. Y gracias a esta aventura, también he tenido la oportunidad de escuchar a muchas otras personas describir sus propios encuentros espirituales y experiencias cercanas a la muerte. Generalmente comienzan sus relatos con la frase: "Nunca hablé de esto con otras personas, porque no pensé que me creerían, pero...".

¿Está presente Dios en nuestro mundo actual? ¿Todavía ocurren milagros? ¿Realmente hay ángeles cerca de nosotros? ¿Cumple Dios con sus promesas? ¿Hay suficientes razones para vivir con fe? Creo que la respuesta a todas estas preguntas es un enérgico "sí", y creo que ustedes llegarán a la misma conclusión cuando lean sobre los milagros que he visto y vivido.

IDA Y VUELTA AL CIELO

CAPÍTULO 1

LOS PRIMEROS AÑOS

"Pues yo sé los planes que tengo para ustedes", dice el Señor.
"Son planes para lo bueno y no para lo malo, para darles un
futuro y una esperanza".

—Jeremías 29:11 (NTV)

Nací y crecí en un pueblo muy normal del medio oeste en Michigan. Vivía en un vecindario de clase media con mis padres, Bob y Betty, dos hermanos, Rob y Bill, una hermana, Betsy, y un pequeño perro salchicha llamado Trinka. Mi padre era cirujano general y mi madre, ama de casa.

Disfruté de una infancia agradable que, en algunos aspectos, fue idílica. No siempre tuve lo que quería, pero nunca me faltó lo que necesitaba. Tuve lo más importante para cualquier niño: siempre me sentí amada por mi familia. El arroyo que pasaba detrás de nuestra propiedad me brindó maravillosas emociones y oportunidades. Pasé muchas horas jugando en él: patinando sobre hielo, remando, pescando, nadando y explorando.

Aprendí sobre los caracoles, las babosas y las sanguijuelas. Supe qué pasa cuando un perro se come una tocineta de un anzuelo, y aprendí a no mirar a los ojos a una tortuga mordedora. Mi mejor amiga y yo construimos un criadero de almejas, pero pronto nos dimos cuenta de que las perlas se cultivan a partir de ostras y no de almejas. Fueron momentos fabulosos que desarrollaron en mí un intenso deseo de sumergirme en la naturaleza al aire libre.

Mi familia asistía a una iglesia presbiteriana local y practicaba la religión de la cual mi abuelo, bisabuelo y tatarabuelo habían sido ministros. Nuestra tradicional iglesia, alta y de piedra, se erguía orgullosamente en la plaza central del pueblo. A pesar de que su fachada era más bien formal y no muy hospitalaria, su interior arqueado hacia el cielo tenía unos grandes vitrales de múltiples colores. Los bancos de la iglesia, de una madera suntuosa y cobriza, estaban más bien desgastados. Mis hermanas y yo nos sentábamos en ellos durante las clases de catecismo y confirmación, los servicios de la iglesia y las reuniones ocasionales de los grupos juveniles, pero estas actividades me resultaban mecánicas y aburridas. Aunque asistía gustosamente a ellas, parecían tener poco impacto en mi vida.

Durante nuestra infancia, mis hermanos y yo nunca desarrollamos una relación con un Dios real y amoroso, y no recuerdo que alguien me exigiera incorporar a Dios o a Jesucristo en mi vida diaria o en mis pensamientos. Dios parecía ser una "cosa de domingo" y no creo que mis padres hayan discutido asuntos espirituales o religiosos en nuestro hogar. Sin embargo, en diversas formas, crearon una vida cristiana para sus hijos. Mi madre era siempre cariñosa y cooperativa, y participaba como voluntaria activa en numerosas organizaciones de servicio. Mi padre sentía una gran compasión por los menos afortunados, y como cirujano no era un profesional interesado en las ganancias.

A menudo yo acompañaba a mi padre a examinar a sus pacientes al hospital o cuando lo llamaban a la sala de emergencias los fines de semana. Me daba cuenta de que su vida estaba dedicada a servir, y siempre fue amable y respetuoso con los demás. No era una persona motivada por el dinero y solía anteponer los sentimientos y las necesidades del prójimo a los suyos.

Cuando llegué a la adolescencia, me volví más independiente y empecé a formular mis propias opiniones. Descubrí que a pesar de que mi padre era bueno en las actividades conjuntas, no le resultaba fácil compartir sus sentimientos conmigo o discutir temas que yo consideraba entonces importantes o difíciles. Lo adoré a pesar de sus imperfecciones y quedé destrozada cuando, en la primavera de 1970, la relación de mis padres se desmoronó y mi madre le pidió que se fuera de la casa.

En esa época el divorcio todavía era escandaloso y, cuando la separación legal de mis padres culminó en el otoño de 1971, yo estaba indignada. Estaba en séptimo grado y en poco tiempo me volví una adolescente confundida e iracunda. Al leer en el periódico la nota sobre su divorcio sentí que mi imagen de la familia americana perfecta se había desmoronado. Durante este período, asistir a la iglesia fue uno de los pocos aspectos estables de mi vida.

Mis dos hermanos mayores ya estaban en la universidad y mi hermano más joven y yo continuamos viviendo con mi madre en nuestro hogar de la infancia. Cada domingo por la mañana, mi padre nos llevaba a la grasienta cafetería local a desayunar y luego a los servicios de la iglesia. Todavía me sentía avergonzada, y probablemente enojada, a causa del divorcio de mis padres, así que me negué a asistir con él a los servicios de la Iglesia Presbiteriana. En su lugar, íbamos al servicio matutino de la Iglesia Episcopal local. Después de los servicios usualmente dábamos una caminata y, más tarde, regresábamos a su apartamento para terminar el día con una cena de pollo horneado y habichuelas, la única comida que mi padre supo cocinar en toda su vida. Aunque yo reconocía sus limitaciones, todavía estaba aferrada a la fantasía de que él volvería a mi casa y nuestra familia regresaría al ideal de mi infancia que yo recordaba.

Mi madre era joven, atractiva e interesante, y aunque no debí haber resentido su deseo de enamorarse nuevamente, de todas formas lo hice y traté de interrumpir ese proceso de cualquier manera posible. Mack fue el primer hombre que tuvo buenas intenciones con mi mamá después del divorcio. Una noche, cuando regresé a casa, descubrí que se había comido todas las galletitas que yo acababa de hornear (ninguna había sido hecha para él) y me puse furiosa. Expresé mi opinión con claridad y tuve la suerte de no verlo nunca más.

George fue el próximo hombre que atrajo la atención

de mi madre. Era gerente general del club campestre donde trabajaban mis hermanos, y ellos le habían hablado acerca de nuestra madre. Mis hermanos lo empujaron persistentemente para que la llamara y pronto se desarrolló un precioso noviazgo entre George y mi madre. A pesar de que el divorcio de mis padres se había consumado hacía tiempo, yo todavía odiaba el concepto de que mi madre tuviera "novio". George tenía a su favor que era simpático, amable, gentil, comprensivo y extremadamente paciente. También sabía rascar la espalda como nadie en el mundo, lo cual, tengo que aceptar, ¡fue una forma exitosa de acabar con mi hostilidad! Amaba a mi mamá y a sus hijos, así que cuando mi madre celebró una reunión familiar aproximadamente un año después de que comenzara su noviazgo y nos pidió permiso para casarse con George, fue imposible negarle esta felicidad. Aunque en mi corazón se mantuvo el conflicto. George era un hombre decente y pensé que sería un padrastro razonable, pero yo seguía rezando por el regreso de mi padre y el retorno de mi vida anterior.

Continué rezando para que mi padre interrumpiera la ceremonia de boda y reclamara a su familia hasta el mismo instante en que el pastor declaró a mamá y George "marido y mujer" en 1973. Como esto no sucedió, concluí que Dios no estaba escuchando mis desesperadas plegarias y que ciertamente no las había respondido.

Desilusionada, dejé de rezar. Yo era sólo una muy pequeña criatura entre más de cuatro mil millones de personas; si de verdad existía un Dios, ¿por qué debía escucharme o responder a mis plegarias? Decidí que la idea de un Dios omnipresente que se interesa por personas específicas había sido una creencia infantil y tonta, y por eso determiné "seguir adelante" y dejar atrás esas creencias.

Era una jovencita de quince años inteligente y segura de sí misma. Pensé que sabía lo que era mejor para mí y me creía capaz de crear mi propio futuro sin colaboración divina. Lo que en ese momento no pude reconocer fue cómo Dios no sólo había oído mis súplicas, sino que también había respondido a ellas de la mejor forma que yo pudiera haber imaginado jamás. Con el matrimonio de mi madre, Dios me dio un padrastro cariñoso, gentil y tierno. George nos ofreció apoyo y respeto. Como padrastro, me enseñó sobre la alegría, la amistad y la responsabilidad. Logró un matrimonio amoroso y respetable, y se convirtió en una de las influencias más importantes de mi vida. Dios promete que tiene planes para nosotros y mantuvo su promesa. Sin duda, la llegada de George a mi vida no fue la respuesta por la cual yo había rezado. Fue mucho mejor.

CAPÍTULO 2

FUERA DE CONTROL

"El futuro pertenece a aquellos que creen en la belleza de sus sueños".

—Eleanor Roosevelt

A pesar de la presencia estabilizadora de George, mi vida aun estaba en un estado de pena y confusión cuando entré a la escuela secundaria. Muchos de mis amigos tomaban drogas y alcohol, y yo estaba perdiendo control de mi vida. En una fresca noche de marzo, exactamente el día del cumpleaños de mi mamá, John, Linda y otro amigo me recogieron en un Chevy Impala de último modelo que pertenecía al hermano de John. La tinta todavía estaba húmeda en la licencia de conducir de John, pero nosotros lo envalentonamos para que condujera por unas empinadas colinas de la zona, semejantes a "montañas rusas", en nuestro camino a una fiesta en un pueblo vecino.

Así es, colinas como montañas rusas... como en un parque de diversiones. Si conduces lo suficientemente rápido, cuando el auto llega a la cima, el estómago se te sube hasta la garganta. La carretera en marzo estaba helada y los asientos de vinilo nuevo del carro se sentían suaves y resbalosos. Cuando comenzamos a volar sobre las colinas, Linda insistió en que usáramos los cinturones de seguridad. Acababan de oírse los clics de sus hebillas cuando John perdió el control del vehículo. Comenzamos a girar y golpeamos un árbol. Inmediatamente escuchamos un sonido violento y vimos cómo el compartimento trasero del auto era arrancado del compartimento de pasajeros.

El impacto con el árbol había catapultado nuestro carro hacia el lado opuesto del camino, donde el compartimento frontal del motor se desprendió al golpear un segundo árbol. El compartimento de pasajeros, con nosotros todavía adentro, rodó luego varias veces cuesta abajo hacia un embarcadero antes de detenerse de cabeza. Aunque quedamos colgando boca abajo en el carro, suspendidos por los cinturones de seguridad que nos habíamos abrochado hacía tan poco, ninguno de nosotros estaba seriamente herido.

Durante nuestro descenso dando vueltas hacia el barranco, escuché a Dios decirme fuerte y claramente "Estoy contigo". En ese momento mi miedo desapareció y hasta fui capaz de maravillarme ante la belleza de los árboles y matas que veía girar a través de los cristales rotos de las ventanillas. Esta fue mi primera experiencia reconocible de la presencia de Dios en mi vida. Fue algo maravilloso pero también me asustó mucho. Comencé a pensar que quizás Dios no era sólo una "creencia infantil y tonta" después de todo. Dios era real, presente, y parecía tener un plan mejor para mi vida que el que yo tenía.

Después de esto, mi vida de adolescente fue aun confusa, pero empecé a verla con más sentido y a tener más conciencia del futuro. Comencé a examinar mi comportamiento, mis amigos y mis elecciones. Y decidí tomar mi vida más en serio y hacer algunos cambios. Dejé de disfrutar de los "paseos" con conocidos los viernes por la noche y empecé a dedicar más tiempo a pensar sobre mi futuro y lo que era importante para mí. Contemplé mis metas y cómo yo formaba parte de una imagen más importante del mundo.

Seguí asistiendo tanto a los servicios de la Iglesia Presbiteriana como a los de la Episcopal, y también comencé a ir de vez en cuando a la Iglesia Cristiana Oakland Road con mi amiga Merry Ann. Aunque había sido bautizada de pequeña y confirmada en la Iglesia Presbiteriana, elegí someterme a un bautismo de inmersión total durante uno de los llamados al altar de la Iglesia Cristiana Oakland Road. Me río al pensar en esto, porque soy más bien socialmente introvertida. Imaginarme respondiendo a un llamado público al altar y sumergirme en un tanque de acrílico ubicado en la pared frontal de un santuario lleno de gente haría reír de lo lindo a la mayoría de mis amigos. A pesar de eso, lo hice y el Espíritu Santo debe haber descendido sobre mí, porque cuando emergí me sentí liviana como una pluma. Estaba llena de vigor, eufórica y extasiada. Me sentí limpia y renovada; era una persona nueva. Se había cumplido la promesa de Dios de que "Todo el que pertenece a Cristo se ha convertido en una persona nueva. La vida antigua ha pasado, ¡una nueva vida ha comenzado!" *(2 Corintios 5:17, NTV).*

CAPÍTULO 3

MÉXICO

"Confía en el Señor con todo tu corazón, y no te apoyes en tu propio entendimiento. Reconócele en todos tus caminos, y Él enderezará tus sendas".

—**Proverbios 3:5-6 (LBLA)**

Poco después de mi bautismo y transformación espiritual, leí un boletín de la iglesia que avisaba sobre un evento para recaudar fondos para una pareja de misioneros estadounidenses que vivían en las montañas de la zona central de México. Aunque no estaban entrenados formalmente para ello, esta pareja llevaba a cabo estudios de la Biblia y administraba una clínica médica para personas pobres de las montañas que rodeaban el pueblo de Matehuala, en el estado de San Luis Potosí. Pedían ayuda, y me sentí llamada de inmediato a tomar acción.

Tenía quince años, nada de dinero para darle a la

pareja y poco interés en su trabajo evangélico, pero pensé que trabajar en una clínica remota sería una gran aventura. Inmediatamente me puse en contacto con ellos, quienes aceptaron mi oferta de colaboración con gran entusiasmo. Sus únicas preguntas fueron cuán rápido podía ir y cuánto tiempo podía quedarme. Anuncié mis planes a mi madre y pudimos arreglar para que me dieran créditos escolares por mi servicio en México.

Todo se resolvió enseguida y partí para México muy pronto. Fue un buen ejemplo (retrospectivamente hablando, por supuesto) de cuán fácil fluyen las cosas cuando uno se mueve en la misma dirección de la voluntad de Dios. Me ha tomado muchos años comprender verdaderamente que cuando todo parece engorroso y sientes que estás nadando contra la corriente, generalmente es porque no estás siguiendo la dirección de la voluntad de Dios. Cuando cumples Su voluntad, todo parece suceder sin mucho esfuerzo ni obstáculos.

La pareja de misioneros mantenía una casa en la ciudad de Matehuala, pero pasaba la mayor parte de su tiempo en un rústico pueblo de montaña a algunas horas de viaje. Un día, en nuestro camino de regreso a Matehuala desde la montaña, nuestro camión se atascó en el fango, como lo describí en mi introducción a este libro. En las montañas, vivíamos en una pequeña finca y era ahí donde le proveíamos comida, clases de Biblia y cuidado médico a la gente de la región. Ofrecimos atención médica de todo tipo, desde tratamientos para piojos y mordidas de arañas o ciempiés, hasta tratamientos para huesos rotos y operaciones para problemas comunes como la apendicitis. A pesar de lo rudimentarios que eran nuestros servicios, eran la única alternativa de atención médica disponible para los campesinos. De hecho, había un hospital regional, pero quedaba a muchas horas de distancia y los campesinos decían que ellos solo viajaban hasta allá cuando sus condiciones eran realmente desalentadoras.

Esta pareja de misioneros en particular estaba sumamente necesitada de ayuda y parecía encontrarse en una situación que se les iba de las manos. Cuando llegué, me entregaron un libro médico desactualizado, y me dijeron que yo sería responsable de toda la atención obstétrica, incluyendo los partos y hasta alguna que otra cesárea. Yo había ido en busca de aventura y me sentía muy segura de mí misma, pero definitivamente no estaba preparada para este nivel de responsabilidad y me preguntaba si ellos se habían equivocado respecto a mis habilidades.

Cuando se los pregunté, me sugirieron que rezara por orientación.

Yo les insinué que estaban locos.

Recé fervientemente durante mi estancia en la clínica. Supervisé partos fáciles, ayudé en otros difíciles que requirieron intervenciones y realicé operaciones de cesárea. Afortunadamente, a pesar de mi limitado conocimiento, experiencia y equipos, nunca se me murió un bebé ni una madre.

A raíz de estos logros, creía que había aprendido rápidamente, que había sido una buena lectora, una "cirujana" cuidadosa y me adjudiqué otras virtudes. Mucho más tarde en mi vida, cuando terminé la escuela de medicina y comencé mi entrenamiento profesional para convertirme en una cirujana acreditada, comprendí que mis propios esfuerzos tuvieron poco que ver con mis éxitos de entonces. Lo único que hice fue poner las manos a través de las cuales Dios pudo trabajar. El mérito del resultado recayó directamente en los hombros de Dios y no creo que ninguno de nuestros pacientes hubiera sobrevivido sin su tutela e intervención.

Cuando leí por primera vez el boletín de la iglesia que finalmente me llevó a las montañas mexicanas, me había interesado la clínica, pero no la labor evangélica o misionera. Anticipé que el evangelismo, los servicios dominicales y los estudios de la Biblia serían aburridos e incómodos. Creía que la espiritualidad era algo privado y no me entusiasmaba la idea de discutirla con otros o alentarla como fe. Todos en el pueblo de la montaña, incluyendo adultos y niños, asistían a nuestros estudios de la Biblia, y me quedé sorprendida al descubrir que tenían un entusiasmo espiritual conmovedor y contagioso. Poseían muy poco en el orden material y a menudo contaban con alimentos que apenas les alcanzaban para una comida decente al día, pero eran gentiles, alababan a Dios y le daban gracias por sus bendiciones diarias. Para ellos, Dios no era solamente una "cosa de domingo" y cantaban sus himnos con verdadero gozo en sus corazones.

Me resultó inspirador ver trabajar a Dios en las vidas de esos humildes campesinos y reconocer que ellos eran tan visibles y valiosos para Dios como la gente muy atareada e "importante" de las grandes ciudades. Claramente, no había nada en su situación que pudiera separarlos del amor de Dios. Puede que el aspecto evangélico de esta aventura haya incomodado al principio, pero me ofreció de todo menos aburrimiento.

CAPÍTULO 4

RENACIMIENTO ESPIRITUAL

"La gente sólo ve lo que está dispuesta a ver".

—Ralph Waldo Emerson

Mi experiencia en las montañas mexicanas me dio una visión más clara de quién quería llegar a ser, y continué trabajando en ello cuando finalicé la escuela secundaria. Los servicios de los talleres de la Iglesia Episcopal siguieron dándome apoyo espiritual y hallé que su predictibilidad le daba un sentido de estabilidad al torbellino de mi adolescencia. El brillo de los vitrales iluminados por el sol vigorizaron mi espíritu y el ritmo melódico de la voz del cantor permitió que mi alma levantara vuelo.

Cada tanto, cuando la oportunidad se presentaba, también asistía a los servicios de las Iglesias Presbiteriana, Católica y Luterana, así como de las iglesias cristianas no confesionales de la comunidad donde vivía mi familia.

Siempre he apreciado las variedades religiosas presentes en nuestro mundo. Sus diferentes estilos de talleres y formas de comunicación ofrecen a las personas que se encuentran en diversos niveles de sus vidas y espiritualidad la oportunidad de hallar el lugar donde se sientan más cómodos y donde su fe pueda prosperar.

Después de graduarme de la secundaria, comencé a estudiar en la Universidad de Kentucky, donde, a pesar de mi profunda espiritualidad, asistí muy poco a los servicios religiosos. Parece que a Dios se le dedica poco espacio en nuestro sistema educativo. Nunca se le ha pedido a nadie descartar su fe ni sus creencias, pero pareciera no haber lugar en él para los aspectos espirituales de la vida, y la mayoría de los estudiantes se va a la deriva espiritualmente. La vida para un gran porcentaje de los universitarios gira totalmente sobre lo individual: qué estamos haciendo, qué pensamos, qué sentimos, qué queremos y qué planeamos para nuestro futuro. Aun si hacemos cosas "altruistas" durante este período, como ser voluntarios, generalmente es porque nos hace sentir bien o luce bien en nuestro currículo, no porque realmente sintamos el llamado de servir.

Como tenía planeado aplicar a la escuela de medicina una vez que completara mis estudios universitarios, me concentré principalmente en mi trabajo escolar. También competía en el equipo de natación de la universidad. Sin ningún estímulo para considerar el aspecto espiritual de mi vida, en aquellos años le dedicaba poco tiempo a Dios. Vivía básicamente en un desierto espiritual hasta que descubrí el buceo.

Durante esos años, con frecuencia donaba plasma sanguíneo para obtener dinero para gastos diarios. Era una forma fácil de obtener dinero, pero pronto comencé a cuestionarme la esterilidad del centro de donación, ubicado en una parte muy sucia de la ciudad. También pensaba en las posibilidades de que, debido a un error de laboratorio, luego de extraer el plasma me devolvieran por error los glóbulos rojos de otra persona. Comencé a averiguar acerca de otras opciones de empleo y encontré uno los fines de semana en la tienda local de artículos de buceo. Siempre me ha encantado todo lo relacionado con el agua y pasaba horas maravillada ante las fotografías en los libros que se vendían en la tienda. Deslumbrada por la belleza y la complejidad de las creaciones de Dios, pronto me enamoré de la abundante y variada vida animal submarina y la viveza de los colores que veía en esas fotos.

Completé mi primer curso de buceo y me volví una apasionada de ese deporte. Renuncié a mi cheque salarial y comencé a intercambiar mi trabajo por equipos. Cuando la tienda auspició un viaje a Florida Springs, esperé ansiosa a que llegara ese día. El viaje desde Lexington hasta Florida fue largo y nuestro grupo llegó mucho después de que hubiera oscurecido. Pero esa noche el agua estaba serena e invitaba a visitarla. Los novatos estábamos tan ansiosos de realizar nuestro primer buceo en mar abierto que apremiamos a nuestros instructores a romper la primera regla del buceo nocturno: nunca bucees de noche donde no hayas buceado durante el día.

Nos pusimos los equipos de prisa y saltamos entusiasmados al agua. Una vez bajo la superficie, me adherí a mi instructor como goma de pegar. Husmeamos a lo largo del fondo marino y quedé deslumbrada por el esplendor de los peces y la variedad de colores y formas de los corales. Mi primer buceo en mar abierto fue increíble y lamenté que, demasiado pronto para mí, nuestros tanques de aire quedaran prácticamente vacíos y tuviéramos que regresar a la superficie.

Cuando inflamos nuestros chalecos y empezamos a patalear hacia arriba, no nos asomamos a la superficie como esperábamos, sino que golpeamos con fuerza contra una roca. Nadamos en otra dirección, y dimos de nuevo contra otra roca. Sin darnos cuenta, habíamos entrado a una cueva cuya salida no se presentaba claramente.

Mi instructor y yo buscamos la apertura, pero la visibilidad menguó aún más cuando, debido a mi inexperiencia, golpeé el fondo del lago con mis patas de rana y provoqué una nube de limo. Se nos estaba acabando el aire y empezaron a sonar las alarmas de los tanques de aire. Ahí fue cuando me acordé de rezar. Llamé en voz alta a Dios e inmediatamente me llené de su presencia. Sabía que Él nos mostraría cómo salir. Él nos sacaría de allí.

Cuando hablo sobre la presencia de Dios y el saber que Él nos mostraría el camino, no quiero decir necesariamente que Él, Dios, estuviera planeando escoltarnos personalmente durante la salida de la cueva. Estaba segura de que no sería de esa forma tan fantástica. Quiero decir que sentí la manifestación del amor y la gracia de Dios, y supe que uno de sus mensajeros (¿un espíritu, un ángel?) de alguna manera nos mostraría el camino. Este conocimiento me permitió disminuir mi respiración y rezar por la sabiduría de mi instructor.

La nube de limo comenzó a aclararse y vimos varios peces que merodeaban de un lado a otro antes de alinearse juntos, nadando en la corriente. Era como si nos invitaran a seguirlos, así que lo hicimos. Descendimos finalmente hacia el fondo de la cueva en dirección de los peces, luego nadamos hacia arriba y llegamos a la superficie del lago justo en el momento en que el tanque de mi instructor se quedó totalmente sin aire.

Mi instructor y yo conversamos en detalle sobre aquella experiencia compartida. Él estaba concentrado únicamente en sí mismo y angustiado por haber perdido el control de la situación. Se sintió responsable por los errores cometidos y por su poco juicio. Creyó que sobrevivimos por pura suerte. Se consideró un fracasado y comenzó a beber hasta quedar inconsciente. Respondí de una manera profundamente diferente al hecho de haber sobrevivido. No creí que la suerte tuviera que ver con aquello. Sentí una profunda calma y supe que Dios había estado con nosotros en la cueva. Creí que sobrevivimos porque Dios intervino, incluso a pesar de que habíamos sido tan tontos, y que Él esencialmente nos había tenido que empujar fuera de la cueva.

Esa experiencia en Florida Springs estimuló un renacimiento de mi ser espiritual. Comprendí que todos estamos en la Tierra por una razón y que había sobrevivido porque mi trabajo en este planeta todavía no estaba terminado. Sentí la responsabilidad de buscar la voluntad de Dios para mi vida y de seguir, de la mejor forma posible, el camino que se extendía ante mí. Esta vez me decidí a no relegar a Dios a un segundo plano en mi vida, sino a mantenerlo presente en mis pensamientos y acciones.

CAPÍTULO 5

DIOS ES FIEL

"Que el Señor te bendiga y te proteja.
Que el Señor sonría sobre ti y sea compasivo contigo.
Que el Señor te muestre su favor y te dé su paz".

—Números 6:24–26 (NTV)

Cuando me gradué de la universidad en 1980, me mudé a Los Ángeles, California, para comenzar mi adiestramiento médico en UCLA (Universidad de California en Los Ángeles). El período que pasé en la escuela de medicina fue predecible, estresante y agotador. Los dos primeros años los pasé sobre todo en el aula, lo cual fue interesante pero no muy agradable. El entrenamiento clínico comenzó en el tercer año y disfruté muchísimo el aprender sobre las distintas áreas que tienen la medicina y la cirugía. Pronto descubrí que estaba mucho más interesada en los campos quirúrgicos que en los médicos, ya que me gustaba "arreglar" problemas más que discutirlos. Elegí dedicarme a la cirugía ortopédica y rápidamente me di cuenta de que había descubierto mi lugar. Disfrutaba los aspectos mecánicos de la ortopedia y me encantaba la idea de restaurar la movilidad de los pacientes y mejorar sus vidas. También, por pura casualidad, conocí a mi futuro esposo mientras trabajaba con el equipo ortopédico.

Bill se graduó de la Escuela de Medicina de la Universidad de Stanford y aunque hubiera preferido quedarse en Stanford para su capacitación quirúrgica, el empleo de su antigua novia hizo que ella, y por ende él, se fueran al sur de California. Esta historia tiene su propio juego de "coincidencias"; basta con decir que era de Dios que él se mudara al sur. La relación había terminado cuando él vino a UCLA para algunas de sus prácticas en cirugía ortopédica, donde mi amiga Peggy y yo fuimos asignadas a su mismo equipo. Lo encontré encantador pero comenzamos nuestro noviazgo cuando ya no estábamos en el equipo. Pronto supe que pasaría el resto de mi vida con él.

Antes de terminar la escuela de medicina, acepté asistir a un prestigioso programa de cirugía ortopédica en la ciudad de Nueva York. Este programa requería dos años de instrucción quirúrgica general en otro lugar antes de comenzar el programa de entrenamiento concentrado en cirugía ortopédica. Mi relación con Bill iba de lo mejor, así que este arreglo me convino y me sentí feliz de ser escogida para quedarme en UCLA durante los primeros dos años de mi capacitación.

Mi adiestramiento de cirugía general era muy intenso y dejaba poco tiempo para comer o dormir, y menos aun para algo que no estaba relacionado con mi trabajo. Aunque continuaba prestando atención a la voluntad de Dios y trataba de seguir sus orientaciones y vivir acorde a las directivas cristianas, me fue fácil relegar a Dios a un segundo plano de mi vida. Realmente no tenía tiempo para Él.

Fue como si hubiese relegado a Dios al asiento trasero de mi carro. Quería que Él estuviera presente, pero no deseaba que me distrajera; no estaba lista para que Él condujera el auto. Afortunadamente, Dios es paciente y fiel. Permanece en el asiento trasero esperando nuestra invitación a que se pase al delantero para poder manejar y presionar los pedales. Si nosotros le diéramos las llaves de nuestro carro, Él nos llevaría a un lugar increíble.

Esto no quiere decir que no hubiese pequeños destellos de Dios a lo largo de mi jornada. A pesar de que la profesión médica recientemente ha reconocido, un tanto de forma tentativa, el componente espiritual de la curación y la muerte, muchos pacientes han experimentado esta conexión a lo largo de los años. Durante mi capacitación, conocí a personas enfermas que me contaron sobre sus experiencias espirituales. Por lo general lo hacían con tono avergonzado, como si no quisieran ofenderme, pensando que la "gente de la medicina" no los escucharía ni creería. Daban por hecho que la ciencia y la espiritualidad eran incompatibles.

Recuerdo a Jennifer, una muchacha que sufrió una insuficiencia hepática total a los catorce años de edad. Cuando comencé a atenderla, acababa de recibir un trasplante de hígado. Su pronóstico no era bueno. Hubo muchas complicaciones tras la cirugía y su nuevo hígado no estaba respondiendo apropiadamente.

Una función importante del hígado es producir factores que ayuden a una persona a detener los derrames de sangre mediante la formación de coágulos, lo que efectivamente tapa "el salidero del dique". Sin estos factores circulando por el torrente sanguíneo, un paciente no dejaría de sangrar al sufrir heridas. En los años ochenta no teníamos alternativas útiles para estos factores, así que mientras esperábamos a que su nuevo hígado comenzara a funcionar, le administramos a Jennifer repetidas transfusiones de sangre y plasma enriquecido. La llevábamos al quirófano casi diariamente, tratando de encontrar y controlar los puntos de mayor derrame de sangre. Mantenerla viva no fue una tarea fácil y pronto ella se cansó de aquello.

Un día, Jennifer me dijo que no tenía miedo de morir, pero sí temía lo que le pasaría a sus padres. Al parecer, cuando el hígado comenzó a fallarle, trató de explicarles a sus padres que Dios estaba con ella y que la amaba, y que Él deseaba que "viniera a casa". Como sus padres se negaron a aceptar esto, ella estuvo de acuerdo en recibir el trasplante de hígado.

Un día, mientras yo la preparaba para otro viaje a la sala de cirugía, me dijo que no regresaría. Me agradeció por todo lo que yo había hecho por ella y me dijo que los ángeles la acompañarían, y por lo tanto no debía entristecerme. Me contó que se sentía afligida por sus padres, pero que era el momento de que ellos la "dejaran ir". Escuché y acepté la verdad de sus palabras. Aun así, más tarde ese día lloré mucho cuando su corazón dejó de latir.

CAPÍTULO 6

UNA ACTITUD DE ALEGRÍA

"Piensen en las cosas del Cielo, no en las de la Tierra".

—Colosenses 3:2 (NTV)

Mis años en UCLA transcurrieron rápidamente y cuando se acercó el momento de irme a Nueva York para empezar mi instrucción de cirugía ortopédica especializada, tres cosas estaban claras:

1. Bill y yo teníamos la intención de pasar juntos el resto de nuestras vidas.
2. Bill, quien había finalizado su adiestramiento ortopédico, tenía un trabajo maravilloso, y como su familia vivía en Los Ángeles no le entusiasmaba la idea de mudarse a Nueva York.

3. Ninguno de nosotros estaba interesado en mantener una relación de larga distancia.

Decidimos que lo mejor sería que yo pudiera quedarme en Los Ángeles para mi entrenamiento en cirugía ortopédica. Pero había un problema: las plazas para los programas de instrucción de cirugía ortopédica estaban muy solicitadas, se habían llenado con antelación y raramente estaban disponibles a último minuto. Para evaluar nuestras posibilidades, nos encontramos con un amigo de la familia de Bill que en aquella época era el presidente de uno de los programas de cirugía ortopédica del sur de California. Fue comprensivo y cortés, pero me aseguró que no habría ninguna plaza disponible y que mi mejor opción sería terminar mi instrucción en Nueva York. Bill y yo nos desilusionamos y terminamos la reunión sumidos en un profundo pesimismo.

Creía que Bill y yo estábamos destinados a compartir nuestras vidas, pero también sabía que no deseaba abandonar mis planes de entrenamiento quirúrgico. Le entregué mis preocupaciones a Dios y le pedí su consejo. Unos días después me dijeron que uno de los cirujanos jóvenes del programa de instrucción ortopédica de la Universidad del Sur de California (USC) inesperadamente había pedido licencia para ausentarse y podría haber una plaza disponible. Inmediatamente llamé, envié mi currículo y posteriormente recibí una invitación para una entrevista.

Una de las preguntas que me hizo el panel de entrevistadores fue: "¿Cuál es el último libro que leíste?". Esta es una pregunta bastante común y muchos, incluyéndome a mí misma, intentan responder en una forma que muestre un alto nivel intelectual o algún interés especial. Había estado de vacaciones hacía poco y había leído *El Hobbit* o algún otro libro de ficción parecido. Por mucho que pensé, no se me ocurrieron otros libros que pudieran impresionar al panel que me entrevistaba. Tímidamente dije el título y comenté que había estado de vacaciones y que el libro no era "nada importante, sólo fantasía".

Me dieron la plaza de trabajo y más tarde, bromeando, me preguntaron si yo había sido capaz de leer las mentes de los entrevistadores. Uno de los integrantes del panel me contó que, antes de reunirse conmigo, ya habían entrevistado a una serie de candidatos para ese puesto. A todos les hicieron la misma pregunta. Y todos respondieron con un título bastante intelectual pero que parecía poco realista teniendo en cuenta que todos se encontraban en medio de su entrenamiento quirúrgico. Justo antes de que yo entrara al salón, los entrevistadores habían deseado desesperadamente que algún candidato, al menos uno, dijera simplemente que el último libro que había leído no fuera otra cosa que pura fantasía.

El Hospital del Condado de Los Ángeles es parte del sistema de la USC y provee atención a la población sin recursos económicos. Durante mi adiestramiento, atendí a muchas personas que vivían al margen de la sociedad, que estuvieron en prisión, y a otros que hacían todo lo posible por lograr una vida mejor para todos. Como lo había observado en las montañas de México, era evidente que nada separa a estas personas, ni a *ninguna* otra, de las promesas o del amor de Dios si ellos solamente piden que las puertas de Dios se les abran.

Ciertamente aprendí muchísimo durante mis años

en USC y todavía pienso de vez en cuando en una lección vital que vino de una fuente insólita. El viejo Hospital del Condado de Los Ángeles tenía una caja central de ascensores que daban servicio a trece pisos. Cada elevador tenía su propio operador, que organizaba a los ocupantes y apretaba los botones de los pisos que ellos solicitaban. Generalmente los operadores eran bastante territoriales y espantaban las manos de las personas que trataban de apretar los botones ellos mismos. Era un empleo ingrato, ya que todos andaban apurados y ninguno de los jóvenes doctores, incluyéndome a mí, comprendíamos por qué se necesitaba que otra persona apretara los botones por nosotros.

Había una operadora de ascensor que llegaba todas las mañanas a las seis, con una amplia sonrisa en el rostro y un evidente regocijo en el corazón. Parecía un faro de luz en aquel edificio oscuro y lúgubre, y muchos de nosotros esperábamos más tiempo solo para montar en su elevador. Era vieja, arrugada y sin educación. A menudo trataba a la gente con rudeza. Pero nunca permitía que nadie o nada oscureciera su día y compartía su alegría con cualquiera que estuviese interesado en recibirla.

En mis años en USC, desarrollé respeto, admiración y hasta un poco de envidia por la forma en que esta vieja operadora veía el mundo. Un día le pregunté cómo era capaz de mantener su actitud de alegría constantemente. Me dijo que su regocijo y fortaleza venían del Señor. Sabía que la única parte de la vida que podía controlar era su reacción a esta, así que eligió reaccionar con amor.

Muchos años después recordé sus comentarios cuando le pregunté a una de las enfermeras de la sala de operaciones del hospital donde trabajé en Wyoming cómo ella podía trabajar para su supervisora y su administrador (quienes le hacían la vida bastante difícil a las enfermeras de la sala de operaciones). Me miró y me dijo: "Yo no trabajo para ellos". Cuando le pedí más detalle, me respondió: "Yo no trabajo para ella (la directora de la sala de operaciones) ni para él (el administrador del hospital). Trabajo para Dios".

Más claro, ni el agua.

CAPÍTULO 7

DIOS GRITA CUANDO ES NECESARIO

"Estamos en el proceso de resistirnos a la verdad de Dios o en el proceso de ser formados y moldeados por su verdad".

—Charles Stanley

Para el verano de 1991, yo tenía treinta y tres años, un esposo, un hijo, Willie, y estaba embarazada del segundo, Eliot. Había terminado doce años de escuela secundaria, cuatro de universidad, cuatro de escuela de medicina, uno y medio de instrucción de cirugía general, cinco de adiestramiento en cirugía ortopédica y uno y medio de especialización en trauma y cirugía de columna vertebral. Mental, emocional y profesionalmente, estaba más que lista para comenzar mi vida "real". Con nuestra familia en rápida expansión, sentía que finalmente podría establecer mis propias metas y controlar mi futuro. Acepté una plaza como directora de cirugía de la columna vertebral en la Universidad del Sur de California, ya que disfrutaba de enseñar así como de las complejidades de los casos quirúrgicos que eran comunes en el marco de una universidad.

El ambiente universitario era apasionante, estimulante y gratificante para mi amor propio. Este trabajo me resultó satisfactorio durante varios años y sentía que mi vida se encontraba bien balanceada. Con la ayuda de Dawn, la encantadora niñera que vivía con nosotros y atendía a nuestros hijos durante el día, Bill y yo podíamos dedicarnos a nuestras carreras durante la semana laboral. Y dedicábamos nuestras noches y fines de semana completamente a los niños, saboreando cada minuto. Vivíamos junto al mar, así que a menudo los llevábamos a la playa o a navegar. Hacíamos barbacoas en la arena, visitábamos museos y les enseñábamos a montar bicicleta. Los padres de Bill, que vivían cerca, nos visitaban frecuentemente y los muchachos los adoraban. Los fines de semana, a menudo conducíamos varias horas hasta nuestra cabaña en las montañas al norte de Los Ángeles. Allí remábamos en kayak, construíamos fuertes con los niños, nadábamos y nos relajábamos. Diría que estábamos muy satisfechos con nuestras vidas.

Las exigencias de tiempo que yo tenía al enseñar, desarrollar un consultorio médico, realizar investigaciones, publicar artículos científicos, asistir a reuniones y viajar más de dos horas cada día comenzaron a causar problemas después de varios años. En vez de pasar mis mejores momentos y gastar mi energía en desarrollar mi relación con Dios, mi matrimonio y en fomentar el desarrollo de mis niños, comencé a sentir que mi trabajo exigía la mayor parte de mi vida. Mis hijos empezaban a transformarse en personas adultas y yo no quería ser solo una distante observadora. Mis largos viajes hasta el centro de Los Ángeles hacían que pocas veces pudiera asistir a los actos diurnos de sus escuelas, y nunca podía hacerlo si no mediaba una planificación anticipada. Esto también significaba que tenía muy poco tiempo o energía para pensar sobre el papel que Dios jugaba en mi vida o cómo yo encajaba en el plan de Dios. Me había comprometido a mantener a Dios en el primer plano de mi vida pero no estaba cumpliendo adecuadamente con ello.

Considero que esto es una realidad común entre la juventud y las familias jóvenes. Para parafrasear lo que mi ministro escribió una vez: "Estamos constantemente bombardeados por aquellos que desean un pedazo de nosotros, y buscan nuestro tiempo, talentos y energía. A veces nos hartamos de esas demandas y, en ocasiones, escuchamos el llamado de Dios en nuestras vidas solo como otro halón cuando ya sentimos que nos estamos haciendo pedazos".

Otra realidad comúnmente compartida, de la cual muchas, muchas mujeres son testigos, es lo difícil que es equilibrar ser madre con el trabajo. Actualmente se les dice a las mujeres que ellas son capaces de ser lo que se propongan y lograr todo mientras que, simultáneamente, son fabulosas esposas, madres y personas. Las mujeres se han convencido a sí mismas de que pueden y deben ser "súpermujeres", lo cual es exactamente lo que tendrían que ser para hacerlo todo bien. La realidad es siempre un compromiso. El día solamente tiene veinticuatro horas y cada cual debe priorizar sus responsabilidades laborales, sus necesidades familiares y sus deseos para poder decidir dónde y cómo hacer sacrificios. Priorizar apropiadamente estos aspectos variados de la vida resulta un desafío ya que el punto de equilibrio correcto está cambiando constantemente cuando una mujer pasa de una fase de la vida a otra. Pienso que es saludable y esencial reevaluar este acto de equilibrio de vez en cuando y realizar los cambios que sean necesarios.

A principios de 1993, después de dar a luz a nuestro tercer hijo, Betsy, comencé a reflexionar sobre el curso de mi vida (¿qué más se puede hacer durante las largas horas de la noche en que se alimenta a un bebé?). Yo había presenciado claramente las huellas y la influencia de Dios en mi juventud cuando sobreviví el accidente de auto en mi adolescencia, durante mi servicio en México, cuando buceaba en la cueva en Florida Springs y en otras ocasiones menos tangibles. Comencé a preguntarme si verdaderamente estaba siguiendo la voluntad de Dios para mi vida. Asistíamos a la Iglesia Metodista Unida atraídos por su doctrina de credo social comprometido con la gestión ambiental, los derechos humanos, la justicia y la búsqueda de la paz en el mundo, pero sentía que eso no era suficiente. El bienestar espiritual de mis hijos constituía un punto de vital importancia para mí, y no deseaba que tan solo asistieran a los servicios de la iglesia, sino que también hicieran sus propios compromisos con Dios y experimentaran una relación cotidiana con un Dios viviente.

Caí en cuenta de que mi vida estaba comenzando a desequilibrarse. No solo estaba convencida de que, si permanecía en la práctica académica, no iba a poder priorizar mi vida de la forma que quería, sino que el ambiente secular de la universidad también comenzaba a sobrecargarme. No quería solamente un balance, deseaba también que los distintos aspectos de mi vida se integraran. Mis anhelos espirituales no coincidían con el deseo de ego, poder y/o dinero que la mayoría de los miembros de la cátedra parecía tener. A pesar de sentirme más y más inconexa, me resultaba difícil dejar mi trabajo. Sabía qué esperar en ese ambiente y no estaba segura de cuál sería mi situación en un empleo diferente o mejor. Para mí, como para mucha gente, es más cómodo enfrentarse a una situación conocida, aunque sea desagradable, que a una desconocida.

En retrospectiva, puedo ver muchas de las formas en que Dios me llamaba y pedía que cambiara la dirección de mi vida. Como yo no lo escuchaba, Él tuvo que gritar.

Nuevos cirujanos comenzaron a llegar a nuestro departamento y esto trajo como resultado que mi ambiente laboral se volviera cada vez menos compatible con mi forma de ver la vida. Un día en 1996, mi director empleó a un cirujano nuevo para que trabajara en mi sección del departamento. Yo había expresado mi preocupación sobre sus calificaciones, pero los antiguos jefes del cirujano habían embaucado a mi director. Esa persona, que se encontraba cercana al retiro, contaba con un impresionante historial, pero yo lo hallaba débil y anodino. Definitivamente no éramos compatibles y me cuestioné mi capacidad de pasar con él mis horas de trabajo.

Un poco después de su llegada, pasamos unas vacaciones familiares en el norte de Michigan. El abuelo de Bill era un violoncelista profesional que enseñaba en la Academia de Artes de Interlochen todos los veranos, y por eso su madre dedicaba la mayoría de sus veranos a disfrutar de esa parte de Michigan. Obviamente, Bill y sus hermanos habían pasado sus vacaciones juveniles en Interlochen. Para mantener esta tradición generacional, Bill, sus padres, nuestros hijos y yo viajábamos a Interlochen y compartíamos unas maravillosas temporadas nadando en el lago, recogiendo arándanos, rodando por las dunas arenosas y riendo mucho. Una tarde visitamos Traverse City Pie Company. Era un negocio recién abierto y yo había descubierto que su propietaria, Denise, era una antigua amiga mía de la escuela secundaria. Habíamos pertenecido al equipo de natación y compartido nuestra fe cristiana. Bill regresó a la cabaña con nuestros hijos y nos dejó a Denise y a mí disfrutar de una tarde cálida conversando y comiendo pastel. Mientras nos poníamos al día sobre nuestras vidas, hablamos sobre muchas cosas, incluyendo mi compromiso con Cristo en la escuela secundaria.

Después que Denise me llevara en su auto hasta la pequeña cabaña de mi familia, contemplé a mi cariñoso esposo y a nuestros hermosos hijos, incluyendo a Peter, el cuarto que se formaba en mi vientre. Medité sobre mi conversación con Denise y mis continuos deseos de completar la integración de mi vida. Hasta ese momento, me parecía que había pensado y meditado mucho sobre mi espiritualidad, mi intención de situar a Dios y a mi familia en el primer escalón de mi lista de prioridades, y cosas así, pero no había hecho mucho al respecto.

Esta parte de la historia probablemente comienza a sonar familiar. Sabes de lo que hablo… Pensamos en algo, hacemos compromisos para cambiar, fallamos, hacemos otros nuevos, fracasamos otra vez... Y el ciclo se repite interminablemente. Dios continuará llamándonos, nos gritará cuando deba hacerlo, y siempre nos recibirá nuevamente en sus brazos amorosos sin juzgarnos.

En ese momento, a pesar de sentirme como el hijo pródigo pidiendo otra oportunidad, renové mi compromiso de llevar una vida centrada en Cristo y mi obligación de situar las necesidades de mi familia por encima de las de mi carrera. No tenía idea de qué significaba esto para mí hasta que al regresar a la universidad asistí a una reunión de profesores particularmente aburrida.

En vez de escuchar los tediosos puntos de la agenda, pasé el tiempo reflexionando sobre cada miembro del profesorado allí presente. Mientras estudiaba a los reunidos, me pregunté qué sabía de la vida de cada una de esas personas. Además de mi director, la mayoría de los hombres estaban divorciados, tenían asuntillos de faldas, bebían muchísimo alcohol o tenían hijos problemáticos. Entonces consideré mi propia vida y supe que no deseaba que mi futuro se desarrollara en esta clase de ambiente.

Esa noche, al tomar la decisión final de dejar la universidad, me sentí invadida de pesadumbre y regocijo al mismo tiempo. Sabía que me acongojaba dejar a mi director, dado el respeto y cariño que sentía por él, y que no deseaba desilusionarlo, pero a la vez me entusiasmaba la idea de liberarme de las ataduras de mi trabajo. Estaba desesperada por irme y con impaciencia lo llamé la mañana siguiente, preguntándole cuán rápido me podría liberar de mis obligaciones.

Dejé la universidad en un mes, me uní al grupo ortopédico de mi esposo y le agradecí profundamente a Dios por gritarme cuando no lo estaba escuchando. Mirando hacia atrás, fui capaz de reconocer la serie de sucesos y "coincidencias" que representaron las cada vez más claras e insistentes llamadas que Dios me hacía para que yo tomara esa decisión.

CAPÍTULO 8

ROMPER LAS CADENAS

*"El corazón del hombre pondera su camino,
pero el Señor le corrige el rumbo".*

—Proverbios 16:9 (RVC)

Aunque Bill creció en Los Ángeles, realmente nunca planificamos quedarnos en el sur de California. Vivíamos en Los Ángeles para estar cerca de la familia de Bill, pero sus hermanos se habían mudado a otros estados recientemente y sus padres se preparaban para jubilarse y mudarse al norte. Dejar mi trabajo en USC no sólo me liberó de la medicina académica, sino que también independizó a mi familia del último eslabón de la cadena que nos ataba a Los Ángeles. Había redefinido mis prioridades personales y ahora mi familia contaba con la oportunidad de hacer lo mismo. Bill y yo deseábamos mudarnos a un lugar más pequeño que Los Ángeles, donde nuestros hijos pudieran estar en contacto con la naturaleza diariamente sin la necesidad de conducir varias horas para lograrlo.

Nos sentamos e hicimos un diagrama de Venn de los lugares donde me gustaría vivir y aquellos que prefería Bill. Un diagrama de Venn consiste en círculos montados unos sobre otros que representan grupos diferentes. Las partes de los círculos que quedan montadas señalan las características comunes de los dos grupos. El diagrama de Venn de nuestra potencial ubicación futura lucía más o menos como esto…

Elecciones de Bill   Elecciones de Mary

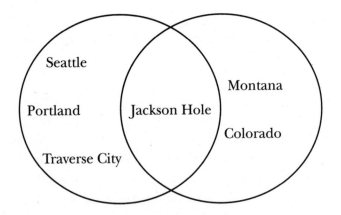

Nuestra familia disfrutaba de las actividades al aire libre y de mantenernos activos montando en bicicleta, haciendo kayak, navegando, acampando, esquiando y muchos otros deportes, por lo que buscábamos un lugar ideal que ofreciera grandes oportunidades recreacionales, aire puro y un medio ambiente saludable en el cual criar a nuestros hijos. Comparando nuestras preferencias, encontramos que la mejor elección sería Jackson Hole, Wyoming. Jackson Hole es un valle encantador rodeado por empinadas montañas de granito, bellísimos ríos, lagos, bosques y una abundante flora y fauna.

Es un área un tanto rural con aproximadamente 20.000 residentes permanentes, que ofrece deportes de verano e invierno de primera clase y pensamos que sería una comunidad amable y segura para que nuestros hijos crecieran. Desafortunadamente, no era un tipo de pueblo con muchas oportunidades para otros dos cirujanos ortopédicos. Miramos nuestro diagrama de Venn nuevamente, y decidimos permanecer en Los Ángeles. Como he expresado con anterioridad, tampoco éramos infelices y por esta vez supe "dejarlo pasar y entregárselo a Dios". Confiaba en que cuando estuviésemos listos, Dios nos mostraría los planes que reservaba para nosotros.

Varias semanas después de tomar esta decisión, Bill ojeaba distraído una publicación médica cuando su vista tropezó con una publicidad de Jackson Hole. El grupo ortopédico local buscaba un cirujano de columna vertebral. Bill dudó un poco antes de enseñarme el anuncio, como si presintiera que esta sola acción iba a cambiar nuestro futuro. Tan pronto lo hizo presenté mi solicitud para la plaza, me entrevisté con los asociados y me contrataron. En menos de cuatro meses, nos dirigíamos hacia Wyoming equipados con carros, botes, niños y gatos.

Nos enamoramos de nuestra nueva comunidad inmediatamente. La gente era dinámica, hospitalaria y cooperativa, y abundaban las oportunidades recreativas al aire libre. Raudos, nos entregamos a nuestra "nueva" vida y nos regocijamos al ver cómo nuestros niños recibían con los brazos abiertos todas las nuevas oportunidades que se les presentaban. Justo antes de mudarnos a Wyoming, Willie, nuestro hijo mayor, que ya contaba con nueve años de edad, y Bill, habían participado en un campamento de kayak en California, donde habían entablado amistad con el organizador del curso, Tom Long.

Tom y su esposa, Debbie, eran del sur de California, pero se habían mudado a Boise, Idaho, a principios de 1970. En 1975, compraron Cascade Raft and Kayak Company en el río Payette. Cuando los conocimos sus tres hijos adolescentes eran unos remeros impresionantes, con gran reconocimiento a nivel internacional. Kenneth y Chad competían juntos en las carreras de C-2 (carreras de eslálom y de aguas bravas en una canoa de casco cerrado para dos personas), mientras Tren competía en kayak de casco cerrado. Para que los muchachos pudieran tener acceso a los entrenamientos de invierno, los Long comenzaron a pasar sus inviernos practicando kayak en los ríos de Chile, en Sudamérica. Como una forma de financiar los gastos, organizaban viajes a ríos chilenos para clientes estadounidenses.

A medida que nuestra relación con los Long se estrechaba, Bill y yo comenzamos a pensar en ir a Chile con ellos para disfrutar más de su compañía. Ambos nos habíamos encariñado con toda la familia Long y verdaderamente disfrutábamos del tiempo que pasábamos junto ellos remando en el río Payette. En 1998, finalmente consideré que nuestros hijos habían crecido lo suficiente como para que viajáramos fuera del país sin ellos, y decidí regalarle a Bill por su cumpleaños en enero un viaje a Sudamérica para practicar kayak.

CAPÍTULO 9

UNA AVENTURA EN CHILE

"A decir verdad, nosotros los mortales no sabemos cuándo nos llegará la hora".

—**Eclesiastés 9:12 (RVC)**

En enero de 1999, Bill y yo dejamos a nuestros hijos al cuidado de nuestra hábil niñera y viajamos del maravilloso invierno de Wyoming hasta el encantador verano chileno. Era nuestro primer viaje "solos" desde el nacimiento de Peter y contábamos los días que faltaban para esta maravillosa aventura. Volamos a Temuco, que queda a siete horas al sur de Santiago y aproximadamente una hora al norte de nuestro destino, Pucón.

Pucón es un pueblo con un centro turístico a la orilla del profundo y precioso lago Villarica, y prospera a la sombra del volcán Villarica, de 9.315 pies de altura. Está ubicado en el corazón de la Región IX de Chile, el Distrito del Lago. Esta región cuenta con múltiples volcanes de cimas con glaciares, que abastecen a muchos ríos de agua clara y fría que forman estos lagos maravillosos.

Nos alojamos en una casa alquilada junto a los Long, que en ese momento eran Tom y Debbie, y sus hijos Kenneth, de veinte años, y su esposa Anne, Chad de dieciocho, y Tren, el menor, de dieciséis.

Pasamos una semana fantástica con Tom, practicando kayak y divirtiéndonos en las bravas aguas de los ríos del sur de Chile. Bill y yo ya éramos unos kayakistas competentes, pero seguíamos trabajando en nuestros giros y habilidades de remo en aguas agresivas y con caídas pronunciadas, remando en numerosos rápidos panorámicos de aguas desafiantes. También practicamos nuestro español, absorbiendo la maravillosa cultura y disfrutando del lago, el pueblo y el exquisito escenario. Pasábamos las noches conversando alrededor de la resplandeciente fogata después que regresábamos de tomar helado en el pueblo. El tiempo había sido encantadoramente relajante y nos entristecimos cuando caímos en cuenta de que nuestro viaje estaba por finalizar.

Comenzamos a hacer planes para nuestro último día de kayak en el río Fuy con Tom, Kenneth, Chad, Anne, varios estadounidenses con quienes nunca habíamos remado y un joven chileno que trabajaba para los Long ese verano.

El Fuy es un río en el sur de Chile, en la Región de Los Ríos, que desagua del extremo norte del lago Pirihueico y baña las faldas septentrionales del volcán Choshuenco antes de confluir con el río Neltume para formar el río Llanquihue, que luego se vacía en el glaciar del lago

Panguipulli. Bill y yo éramos kayakistas experimentados y habíamos remado en muchos ríos desafiantes de Estados Unidos, así que nos preparábamos ansiosamente para nuestra experiencia por la sección superior del Fuy, también conocida por su belleza tropical y sus desafiantes cascadas, con caídas de diez a veinte pies de altura, que nos resultaban emocionantes y encajaban bien con nuestras habilidades como remeros.

Primero condujimos hasta el pequeño pueblo de Choshuenco (de una población de 625 personas), cerca de la orilla de Panguipulli, y después continuamos hasta llegar al río. Estaba en un área remota despoblada, con un bosque tupido y sin urbanización. Una vez dentro del río, realmente no había opción de dejar de remar o salirse del mismo, por lo que Bill decidió no acompañarnos tras sentir un intenso dolor de espalda con el cual se había despertado inesperadamente esa mañana.

A pesar de que era un típico día chileno soleado y cálido, yo no tenía un buen presentimiento respecto al viaje. Soy una persona sin muchas habilidades sociales, por lo que supuse que se trataba de mi torpeza subyacente y la inquietud que me provocaba compartir el día con un grupo de desconocidos. Mirando atrás, me acuerdo de que Anne también había sentido un gran malestar ese día. No estaba segura por qué se sentía así. En ese momento pensaba que se encontraba incómoda porque no estaba totalmente familiarizada con ese río y nosotros nos meteríamos en él más tarde de lo planificado, o quizás porque nuestro grupo nunca antes había hecho kayak junto. Sea cual fuese la razón, ella percibió que el estrés era generalizado.

Bill nos dejó en el punto de entrada al río, donde nos reunimos con los otros estadounidenses, quienes bromearon que sería fácil reconocerme porque yo tenía puesta la chaqueta impermeable color rojo vivo de mi esposo, en vez de una de colores más tenues. Manifestábamos cierta ansiedad con relación a las cascadas que esperábamos encontrar y la posibilidad de que los remeros hiciéramos caídas planas, las que pueden causarle a cualquiera una fractura de vértebras. También comentaban que, llegado el caso, estábamos en buenas manos debido a que yo era una cirujana de columna vertebral. Cuando nos echamos al río, Chad le gritó a mi marido: "Te la devolveremos sin una pulgada de menos" (insinuando humorísticamente que yo no me comprimiría las vértebras con una caída plana). Bill se marchó en el camión, intentando encontrar un lugar soleado donde pasar el día leyendo. Él planeaba recogernos en el punto de salida horas después.

Cuando nuestro grupo comenzó a avanzar por el río, no parecía haber un orden de navegación clara, por lo que traté de permanecer alejada particularmente de una persona inexperta, sin sentido de los límites, que me provocó una gran aprehensión. Decidí ignorarla, ya que era una bellísima tarde y me emocionaba ver la cascada que nos esperaba.

Nos acercamos a la primera caída significativa a poco de meternos en el río y nos detuvimos en un remolino (un área inusualmente baja donde el agua de la corriente da contra una roca o está al lado de la orilla) para discutir qué íbamos a hacer. Había un canal estrecho al lado derecho del río y otro canal de más envergadura a la izquierda. Decidimos tomar por el canal pequeño, ya que era más predecible y recto. La caída principal era de gran afluencia de agua, con una caída abrupta y gran movimiento en el fondo.

La primera kayakista remó por el canal derecho del río, pero se acercó en un ángulo demasiado abierto y su bote se interpuso lateralmente entre dos grandes rocas que flanqueaban la caída. Aunque su kayak se encajó, ella fue capaz de salirse y dejarse llevar hasta la charca de agua calmada debajo de la caída. Yo ya había salido del remolino y era incapaz de detener mi avance cuando vi que su kayak bloqueaba la ruta que habíamos elegido, por lo que remé hacia la izquierda.

Mientras avanzaba, la kayakista que yo estaba tratando de evitar y que se encontraba detrás mío, fue arrastrada hasta la parte superior del remolino y luego rebotó delante de mí. Rodó un poco antes de llegar a la caída principal y volcarse. Yo no lo sabía, pero su kayak se interpuso en las rocas debajo de la turbulencia de la caída principal. La mujer fue capaz de salir del kayak y nadar hasta una roca en el medio de la charca inferior. Yo no estaba al tanto de su conflicto y tenía pocas opciones, así que continué remando.

Tan pronto alcancé la cresta de la cascada, no vi otra cosa que dificultades y supe que iba a tener problemas. Un gran problema. Había un inmenso volumen de agua fluyendo por este canal, lo que causaba que el fondo fuese caótico y violento. Presencié un gran movimiento de agua formando olas agitadas y no vi una salida. Respiré profundamente y me deslicé por la cascada en lo que se convertiría en una gran aventura.

A pesar del volumen y poderío del agua que caía, el

kayak de la mujer previno cualquier posibilidad de escapar. Cuando el mío se impulsó hacia abajo, la parte delantera se sumergió debajo del otro y se clavó entre éste y las rocas sumergidas en la cascada. Inmediatamente, el agua se tragó al kayak encajado de la mujer, al mío y a mí. Me encontraba verticalmente dentro de mi kayak, pero el agua fluía por encima de mí. Mi kayak y yo quedamos prácticamente enterrados bajo la caída del agua y el otro kayak. La fuerza del agua era tan grande que me sentí como una muñeca de trapo. Mi cuerpo fue forzado hacia la parte delantera de mi kayak, mientras que la corriente me empujaba los brazos río abajo sin que yo pudiera evitarlo.

Anne remó por el lado derecho del canal, tiró del cabo de la cuerda que abrochaba el kayak y continuó dentro de la charca inferior. Chad bajó al canal principal. El agua era tan profunda en esta caída que él ni vio ni sintió nada cuando remaba por debajo de la caída y sobre los dos kayaks (y sobre mí), que estábamos sumergidos en el fondo.

Cuando Chad y Anne entraron a la charca inferior, notaron que la kayakista número uno nadaba y ubicaron fácilmente su kayak, que se había salido del canal de la derecha. Luego, se sorprendieron al ver a una segunda nadadora (era la persona del kayak encima del mío), pero no pudieron localizar su kayak inmediatamente. Chad se apuró en remar dentro del remolino para evaluar la situación. Él podía ver a la primera kayakista. Su kayak había sido liberado por Anne, y Chad lo ubicó fácilmente en el banco del río. También podía ver a la segunda kayakista sentada en una roca en el medio del río, pero no podía ver dónde se encontraba su kayak. Finalmente, vislumbró su kayak rojo en el fondo del canal principal.

A Anne y Chad les fue difícil contar a todas las personas pues, en ese momento, nuestro grupo de remeros estaba dividido: algunos de los kayakistas se hallaban debajo de la caída y otros todavía en ella. Tomó varios minutos y algunos recuentos de personas para que Anne se convenciera firmemente de que tanto mi kayak como yo habíamos desaparecido. Familiarizada con las situaciones de emergencia, Anne echó a andar su cronómetro.

CAPÍTULO 10

MUERTE EN EL RÍO

"Aunque pase por el valle de sombra de muerte,
no temeré mal alguno, porque Tú estás conmigo;
tu vara y tu cayado me infunden aliento".

—Salmos 23:4 (LBLA)

Cuando un kayakista va remando por aguas bravas, se mantiene firme dentro del kayak gracias a la combinación de dos factores: su falda impermeable y lo ceñido que va su cuerpo dentro de la pequeña embarcación. La falda impermeable es una lámina de neopreno que rodea al kayakista por la cintura y se estira hasta ajustarse al casco del kayak, con lo que se crea una superficie impermeable en torno a la apertura que impide que el kayak se llene de agua. En la parte delantera de la falda impermeable, donde esta se ajusta al casco, va cosida una cuerda de tela conocida como "bucle de agarre". Cuando es necesario salir del kayak, el remero puede "tirar del cabo" o, en otras palabras, halar el bucle de agarre para liberar la falda impermeable del casco del kayak, a fin de poder impulsarse con sus propias piernas para salir de la embarcación.

Cuando me di cuenta de que estaba atrapada en la cascada, ni me dejé dominar por el pánico ni forcejeé, pero sí traté desesperadamente de salir del kayak valiéndome de ciertas técnicas comunes.

En repetidas ocasiones, intenté con todas mis fuerzas tirar del bucle de agarre de la falda impermeable, pero la enorme fuerza de la corriente me impedía mover los brazos y mis intentos eran en vano. Procuré empujar desde adentro con los pies. Intenté sacudir el kayak. Pensé en mi familia y traté desesperadamente de sacar la cabeza del agua para poder respirar. Pronto me di cuenta de que mi futuro no estaba en mis manos.

Dios me había salvado más de una vez en el pasado por lo que, una vez más, me dirigí a Él y pedí su intervención divina. No exigí ser rescatada. Sabía que Dios me amaba y que tenía un plan para mí. Solamente pedí que se hiciera su voluntad. Desde el mismo instante en que me dirigí a Dios, me llené de una absoluta sensación de calma y paz, y tuve la sensación física específica de que alguien me tenía acurrucada en sus brazos y me arrullaba y consolaba. Me imagino que así debe sentirse un bebé cuando su madre lo acaricia y lo mece en sus brazos. Sentí además la absoluta certidumbre de que todo saldría bien, fuese cual fuese el resultado.

Pensé en mi esposo y mis hijos, en la familia Long y en mi vida en la Tierra. Pensé en mi relación con Dios.

Me sentí agradecida de estar en sus brazos y me sorprendí de lo intensamente física que me resultaba esta sensación. Inmediatamente recordé un poema que había olvidado hacía mucho tiempo y que estaba puesto en un marco en la casa de una amiga de la niñez. Cada vez que entraba en su casa, leía el poema sin prestar mucha atención, y ahora comprendía su significado. Se titula "Huellas en la arena". Después de esta experiencia, compré copias enmarcadas del poema y las puse en mi casa y en mi oficina. Casi todos los días vuelvo a leer estas palabras.

Aunque sentí que Dios estaba presente y me tenía en sus brazos, fui plenamente consciente de mi situación y de mi entorno. Sentía el empuje de la corriente y la presión del agua. No podía ver ni oír, pero era plenamente consciente de todo lo que pasaba dentro y fuera de mí. Me sentía reconfortada, tranquila y fascinada por la presencia de Dios.

Cuando percibí que no seguía tratando de respirar, supuse que moriría. Volví a pensar en mi esposo y mis hijos y, al reflexionar sobre qué sería de ellos sin mi presencia como esposa y madre, recibí profundamente el mensaje de que estarían bien incluso si yo moría.

Mientras esperaba bajo el agua, pensé en mi vida y analicé su rumbo, mis selecciones, mis alegrías y mis pesares. Pensé en todo. Llegué a pensar en cuánto me aburría todo esto. Estaba cansada de pensar y de esperar; estaba lista para seguir mi camino, fuese cual fuese. Como ya estaba segura de que todo estaría bien independientemente del resultado, mi impaciencia me llevó a pedirle a Dios que se diera prisa.

CAPÍTULO 11

MI RESCATE

"Es imposible para los hombres, pero no para Dios.
Porque para Dios todo es posible".

—Marcos 10:27 (RVC)

⌒

Si bien yo experimentaba una profunda sensación de bienestar, paz y tedio, el resto de mis compañeros no estaban tan tranquilos. Cuando Chad se dio cuenta de que yo había desaparecido, empezó frenéticamente a buscar mi kayak. Abandonó su embarcación y corrió a toda prisa río arriba por la orilla. Tom estaba navegando por una curva cuando vio a su hijo subirse de un salto a un peñasco. Le gritó a Chad y este le dijo que había un kayak atascado y que mi embarcación y yo habíamos desaparecido. Tom insistió: "¡Chicos, tienen que encontrarla!".

Cuando Chad llegó al saliente rocoso que estaba cerca

del canal principal, percibió algo rojo y pensó que sería mi casco. Avisó a los demás y, en un minuto, Tom, Chad y Kenneth se juntaron sobre el mismo saliente para evaluar desde allí la situación. Alcanzaban a ver mi casco, pero estábamos separados por una fuerte corriente de agua de casi cuatro pies de profundidad. La corriente era demasiado profunda y rápida como para que alguien pudiera mantenerse en pie dentro de ella y la brecha era demasiado ancha como para saltar de un lado a otro o colocar algún objeto que sirviera de puente. Era un ejemplo clásico de la frase "tan cerca, pero a la vez tan lejos".

Chad sostuvo a Tom mientras éste trataba de inclinarse para alcanzar el otro lado de la brecha. Entonces Tom trató de saltar la brecha para agarrar mi kayak. Solo consiguió que el agua lo arrastrara por debajo de mi embarcación y lo llevara hasta la charca que se formaba más abajo.

Una y otra vez fracasaron en sus intentos de alcanzarme. Mientras más lo intentaban, más gritaban y más se desesperaban y se desalentaban. Ninguna solución parecía servir. Según la descripción de Tom, todo el grupo, incluidos Chad y Kenneth, se encontraba en un estado de "terror trágico".

Anne y los demás kayakistas que aguardaban en la charca se sentían presa de una impotencia y una desesperanza cada vez mayor. Los Long son muy diestros y versados en materia de rescates en aguas bravas, pero esto era distinto. No era solo cuestión de que su propia amiga se encontrara en peligro, sino que los intentos de rescate no parecían encaminarse en forma apreciable hacia el éxito.

Nada daba resultado. El tiempo parecía torcerse y detenerse.

Cuando Tom salió a la superficie después de otro intento fallido de llegar hasta donde yo me encontraba, oyó que Chad le gritaba: "Date prisa, date prisa". Habían pasado varios minutos y todos se daban cuenta de la importancia de actuar con rapidez. La tarea estaba a punto de dejar de ser un rescate y convertirse en un intento de recuperar un cadáver. Los chicos pensaron desesperadamente en posibles soluciones, incluida la posibilidad de desviar la corriente para poder llegar hasta mi kayak. Cuando Tom llegaba casi a la desesperación total, volvió a subirse al saliente rocoso y sintió que la escena cambiaba por completo. La situación cambió como si alguien hubiera encendido un interruptor de luz.

De repente todo fue distinto. Tom percibió un cambio en la atmósfera y sintió la cercanía física de Dios. Tenía la clara sensación de que Dios les decía: "Sus intentos son patéticos. Nada de lo que están haciendo va a dar resultado, así que más me vale intervenir". Fue como si el tiempo se transformara y Dios asumiera el control. Al tratar de comunicarle esta idea a Chad, le dijo: "Esto tiene que ser sobrenatural". Como Chad creyó que su padre quería decir que sus esfuerzos debían ser sobrenaturales, le aseguró que estaban haciendo todo lo que podían. Tom replicó: "No, no es eso. Lo que quiero decir es que esto debe ser realmente sobrenatural".

Entonces empezaron a suceder cosas.

Miraron hacia abajo y de repente percibieron un peñasco seco que apareció en el medio de la corriente que los separaba de mí. Se subieron a este peñasco y lo usaron como plataforma desde la que pudieron alcanzar mi kayak. Entonces Chad pudo ponerse a horcajadas sobre las rocas y asir con firmeza mi embarcación. Estaba bien apoyado y debía hacer fuerza a favor de la corriente. Era un atleta joven, fuerte y con preparación digna de un campeón mundial, por lo que todo favorecía su éxito. Chad pensó para sus adentros: "Este es el momento en que entra en acción la fuerza sobrehumana, como cuando una madre de repente es capaz de levantar un carro que ha atropellado a su hijo".

Dio un firme tirón con todas sus fuerzas y con la absoluta confianza de que lograría su propósito. Pero nada pasó. Le parecía que, si algo iba a dar resultado, ese debía ser el momento. No fue así. Chad se sintió como un fracaso completo y pensó que él y los demás me habían fallado. Kenneth dijo que trataron una y otra vez de mover mi kayak, pero que este se encontraba verdaderamente atascado.

Kenneth, Chad y Tom sintieron gran impotencia al darse cuenta de que no podían mover el kayak. Todos dijeron que la única solución sería una intervención divina y, cuando volvieron a hacer otro intento sintieron, según la descripción de Tom, "un estallido sónico sin sonido". Mi kayak se movió un poco y, de repente, Chad cayó al agua.

Durante este "estallido sónico", mi embarcación cambió levemente de posición, por lo que mi cuerpo quedó expuesto más directamente a la corriente, cuya fuerza me arrancó el chaleco salvavidas y el casco, me hizo salir del kayak y me arrastró río abajo.

Nadie me vio salir despedida del kayak, pero Chad

notó algún objeto rojo río abajo. Pensó que sería mi chaleco salvavidas y, con tristeza, decidió que debía recuperarlo para entregárselo a mi familia. Se zambulló y agarró el chaleco cuando este flotó hacia la superficie. Al hacer esto, sintió que mi cuerpo tropezaba contra sus piernas. Ni siquiera se había dado cuenta de que yo estaba allí. Hundió las manos en el agua y me asió fuertemente por la muñeca.

Anne, que seguía en su kayak, remó hasta nosotros para ayudar a Chad a arrastrar hasta la orilla mi cuerpo morado e hinchado, sin oxígeno. Mis ojos no tenían vida.

Los Long dan clases de rescate en el agua, por lo que suelen ser los primeros en ser llamados cuando ocurre un accidente en el río Payette. No era la primera vez que recuperaban un cadáver de un río, pero Chad estaba destrozado. Posteriormente me dijo que se sintió así porque "había visto morir a un ser querido" y porque le parecía que me habían fallado por completo. Según la descripción de Tom, la atmósfera era "aplastante… como si estuviéramos en medio de un gran accidente automovilístico".

Arrastraron mi cuerpo hasta las rocas de la orilla, donde Tom, Chad y Kenneth empezaron a aplicar sistemáticamente los pasos estándar de evaluación y resucitación. Habían transcurrido entre once y catorce minutos desde que Anne había echado a andar el cronómetro y reinaba una atmósfera sombría cuando empezaron a aplicar la reanimación cardiopulmonar. Hubo momentos de tensión cuando una mujer insistió en que no debían reanimarme, pues "solo sería un vegetal" y otro kayakista quiso filmar todo con su cámara de video.

Una enseñanza común de los procedimientos de

reanimación cardiopulmonar es la necesidad de distanciarse emocionalmente de la persona específica a quien se trata de revivir y de centrarse por completo en el proceso reanimación hasta que al fin se logre revivir a la persona, o se le declare muerta.

En contra de sus enseñanzas y de su experiencia, Tom, Kenneth y Chad nunca consiguieron poner a un lado la realidad de que la persona a quien trataban de reanimar era yo, su amiga. Mientras aplicaban los distintos pasos de la reanimación, oraban una y otra vez por mi regreso y me decían repetidamente: "Mary, no puedes abandonarnos. Sabemos que estás aquí. Regresa. Por favor, respira". Sentían como si el tiempo se hubiera detenido.

Cuando al fin me sintieron boquear muy profundamente, no estaban seguros de si iba a empezar a respirar o si se trataba simplemente de un resuello agónico, es decir, el tipo de jadeo que suele anunciar la muerte inminente. Al ver que este resuello no fue seguido inmediatamente por otro, volvieron a gritar mi nombre y a suplicarme que respirara. Después de esto, volví a resollar con dificultad una sola vez. Mis amigos volvieron a suplicarme y, una vez más, los recompensé con un solo resuello. Esta situación se repitió una y otra vez.

Cada vez que yo respiraba, sentían que se elevaban a una "luz total". Cuando paraba, se hundían en una "oscuridad total". Cada respiro les hacía sentir que el tiempo volvía a ser "normal". Cuando no respiraba, sentían que el tiempo se detenía.

Ocasionalmente, entre estos jadeos esporádicos, yo dejaba escapar un grito espeluznante y poco natural. Esto les resultaba desgarrador, pues creían que se debía a que todavía me sentía atrapada. Siguieron suplicándome y orando. Al cabo de un rato que les pareció una eternidad, empecé a respirar con mayor regularidad y el tiempo volvió a ser "normal".

CAPÍTULO 12

DE REGRESO A CASA

"Y estoy convencido de que nada podrá
jamás separarnos del amor de Dios.
Ni la muerte ni la vida, ni ángeles ni demonios,
ni nuestros temores de hoy ni nuestras
preocupaciones de mañana.
Ni siquiera los poderes del infierno pueden
separarnos del amor de Dios".

—Romanos 8:38 (NTV)

La corriente era fuerte y, lentamente, me arrancó el casco y el chaleco salvavidas antes de tratar de arrancarme la vida. Mientras estaba en el kayak, me encontraba sentada con las piernas estiradas delante de mí, bajo la parte delantera de la embarcación. Estaba doblada hacia delante por la cintura y tenía el cuerpo y los brazos presionados contra la cubierta anterior del kayak, debido a la fuerza del agua. Yo iba en la misma dirección de la corriente y, cuando esta trató de hacerme salir del kayak, mi cuerpo se vio obligado a doblarse sobre el borde delantero de la cabina. Esto no era un problema para mi cadera, que normalmente se dobla en esa misma dirección, pero la fuerza de la corriente hizo que las rodillas se me doblaran hacia arriba para que el cuerpo pudiera liberarse de la embarcación.

Era un proceso relativamente lento, durante el que me sentí consciente, alerta y completamente al tanto de lo que estaba sucediendo. Aunque parezca morboso de mi parte, al ser ortopedista, no pude evitar interesarme en lo que sucedía cuando sentí que se me rompían las rótulas y los ligamentos de las rodillas. Traté de analizar la situación y de determinar cuáles estructuras se habrían afectado.

Me parecía que no sentía dolor, pero me preguntaba si en realidad estaría gritando sin saberlo. Hice una rápida autoevaluación y decidí que no, que no estaba gritando y que realmente no sentía ningún dolor. Lo curioso era que sentía una gran dicha. Esto es casi increíble, teniendo en cuenta que siempre me ha aterrado la posibilidad de ahogarme.

Mientras mi cuerpo era expelido lentamente del kayak, sentí como si el alma se me fuera separando poco a poco del cuerpo. Al fin sentí que me liberaba del kayak y era arrastrada por la corriente. Esa fue la última sensación física que percibí. No recuerdo haber rozado contra el fondo del río, ni haber chocado con Chad ni haber sido llevada a la orilla.

En el momento en que mi cuerpo se liberó y empezó a

ser arrastrado, sentí una especie de estallido. Era como si al fin me hubiera desprendido de mi pesada capa exterior y liberado mi alma. Me elevé y salí del agua y, cuando mi alma atravesó la superficie, me encontré con un grupo de entre quince y veinte almas (espíritus humanos enviados por Dios), que me recibieron con el más grandioso júbilo que jamás hubiera experimentado o me hubiera podido imaginar. Era un júbilo sincero, sin ningún tipo de falsedad. Era como una especie de gran comisión de bienvenida o una gran multitud de testigos, como se describe en *Hebreos 12:1* (NTV): "Por lo tanto, ya que estamos rodeados por una enorme multitud de testigos… corramos con perseverancia la carrera que Dios nos ha puesto por delante". Esta comisión de bienvenida parecía vitorearme con todas sus fuerzas al verme cercana a la "línea de meta".

No logré identificar a cada uno de los seres espirituales por su propio nombre (por ejemplo, no sabría decir si allí estaban mi abuelo Paul; mi vieja nana, la Sra. Sivits; mi vecino Steven, u otras personas por el estilo). Pero sí conocía bien a cada uno de ellos y sabía que eran enviados de Dios y que los conocía desde hacía una eternidad. Era parte de ellos y sabía que habían sido enviados para guiarme hasta el otro lado de la línea divisoria del tiempo y las dimensiones que separan a nuestro mundo del mundo de Dios. También, sin que lo dijeran, comprendía que habían sido enviados no solamente para darme la bienvenida y guiarme, sino para protegerme durante el viaje.

Tenían formas definidas, pero no con la absoluta y clara definición de los cuerpos físicos que tenemos en la Tierra. Los bordes de cada ser espiritual se veían difusos, pues sus cuerpos resplandecían de luz. Su presencia llenaba todos mis sentidos, como si pudiera verlos, oírlos, sentirlos, olerlos y saborearlos a todos al mismo tiempo. Su resplandor era simultáneamente cegador y vigorizante. Nos comunicamos con facilidad, sin hablar propiamente con los labios, sino con una forma pura de comunicación. Nos transmitimos simultáneamente nuestros pensamientos y emociones y nos entendimos a la perfección sin hablar.

Está claro que la palabra de Dios no se limita a un idioma. Comprendí de nueva forma la descripción bíblica del Pentecostés. En ese relato, tomado de *Hechos 2:1-6 (LBLA),* está escrito: "Cuando llegó el día de Pentecostés, estaban todos juntos en un mismo lugar. De repente vino del cielo un ruido como el de una ráfaga de viento impetuoso que llenó toda la casa donde estaban sentados, y se les aparecieron lenguas como de fuego que, repartiéndose, se posaron sobre cada uno de ellos. Todos fueron llenos del Espíritu Santo y comenzaron a hablar en otras lenguas, según el Espíritu les daba habilidad para expresarse. Y había judíos que moraban en Jerusalén, hombres piadosos, procedentes de todas las naciones bajo el cielo. Y al ocurrir este estruendo, la multitud se juntó; y estaban desconcertados porque cada uno les oía hablar en su propia lengua". Ahora entiendo plenamente cómo esto es posible. Dios no necesita el lenguaje verbal para comunicarse.

Mi llegada fue celebrada con júbilo y se podía palpar una sensación de amor absoluto cuando estos seres espirituales y yo nos abrazamos, bailamos y nos saludamos. La intensidad, profundidad y pureza de estos sentimientos y sensaciones eran mucho mayores que lo que yo podría describir con palabras y que cualquier otra cosa que hubiera experimentado en la Tierra.

No quisiera ser malinterpretada... He tenido una vida llena de bendiciones y he experimentado un inmenso júbilo y amor aquí en la Tierra. Amo intensamente a mi esposo y a cada uno de mis hijos y ese amor es recíproco. Lo que pasa es que el mundo de Dios es muchísimo más colorido e intenso. Fue como si experimentara una gran explosión de la esencia absoluta y pura del amor y el júbilo. El único objeto terrestre con el cual podría explicar esta diferencia es usando un televisor como ejemplo: cuando comparamos las imágenes de un televisor antiguo de tubo de rayos catódicos con las de un nuevo televisor de alta definición, estas últimas son tan definidas, brillantes y claras en comparación con aquellas, que resulta casi doloroso verlas.

De todas formas, me resulta imposible describir adecuadamente lo que vi y sentí. Cuando ahora trato de volver a relatar mis experiencias, la descripción resulta insuficiente. Es como si, dentro de un mundo bidimensional, tratara de describir una experiencia tridimensional. En nuestro idioma actual no existen siquiera las palabras, descripciones ni conceptos adecuados para describir esta experiencia. Después de aquel suceso, he leído los relatos de otras personas sobre sus experiencias cercanas a la muerte con sus descripciones del paraíso, y me percato de que adolecen de las mismas limitaciones descriptivas y de vocabulario que noto en mi propia descripción.

En el relato de Ned Dougherty sobre su experiencia cercana a la muerte en el libro *Fast Lane to Heaven* (Hampton Roads, 2002), el autor escribe: "De repente, me vi envuelto en una resplandeciente luz dorada. La luz era más brillante que la que emanaba del sol, y muchas veces más poderosa y radiante que el propio sol. Sin embargo, no me cegaba ni me quemaba. Era una fuente de energía que abarcaba todo mi ser". Tanto su descripción como la mía probablemente no tendrán sentido para quienes no hayan pasado por este tipo de experiencia, pero son realmente bastante precisas.

Los propios escritores de la Biblia tenían dificultad para describir sus encuentros con los ángeles de Dios. Mateo describe de la siguiente manera su encuentro con un ángel: "Su rostro brillaba como un relámpago, y su ropa era blanca como la nieve" *(Mateo 28:3, NTV)*. Daniel escribió: "Levanté los ojos y vi a un hombre vestido con ropas de lino y un cinto de oro puro alrededor de la cintura. Su cuerpo tenía el aspecto de una piedra preciosa. Su cara destellaba como un rayo y sus ojos ardían como antorchas. Sus brazos y sus pies brillaban como el bronce pulido y su voz era como el bramido de una enorme multitud" *(Daniel 10:5–6, NTV)*.

Mis acompañantes y yo empezamos a deslizarnos por un camino y supe que volvía a casa. A mi hogar eterno. Volvíamos a Dios y todos estábamos muy emocionados. Mis acompañantes apenas podían contener su entusiasmo, estaban ansiosos por anunciar mi regreso para celebrarlo con todos los habitantes celestiales. Mientras me embriagaba con la belleza y me regocijaba con ellos, eché un fugaz vistazo a la orilla del río, que había quedado atrás. Mi cuerpo era como el caparazón de un viejo y querido amigo, y sentí hacia él una cálida compasión y agradecimiento por haberme servido.

Miré a Tom y a sus hijos y los noté terriblemente tristes y vulnerables. Escuché cómo me llamaban y me suplicaban que respirara. Yo los quería y no deseaba verlos así, por eso es que pedí a mis acompañantes celestiales que esperaran mientras regresaba a mi cuerpo, me unía a él y respiraba. Pensé que con esto bastaría, así que volví a abandonar mi cuerpo y continué el viaje de regreso a casa.

Recorrimos un sendero que conducía a un gran salón luminoso, más grande y hermoso que cualquier otro que haya visto en la Tierra. Irradiaba un resplandor repleto de colores y de belleza. Creo que cuando las personas que han tenido experiencias cercanas a la muerte describen "haber visto la luz blanca" o "acercarse a la luz blanca", probablemente lo que describen es su avance hacia el resplandor de este salón. Nuestro vocabulario no es lo suficientemente rico como para describir esta experiencia de una manera comprensible. Quizás sea por esto que Jesús solía hablar en parábolas.

Sentí que mi alma era atraída hacia la entrada y, al acercarme, absorbí físicamente su refulgencia y palpé con plenitud el amor puro, absoluto e incondicional que emanaba desde el salón. Fue lo más bello y cautivador que haya visto o experimentado jamás. Con profunda certeza, supe que esto representaba la última bifurcación de la vida, la puerta que cada ser humano debe atravesar. Me quedaba claro que este salón es el lugar donde se nos da a cada uno la posibilidad de examinar nuestras vidas y nuestras elecciones y donde a cada uno se le da la última oportunidad de escoger a Dios o de apartarnos de él eternamente. Comprendí que estaba lista para entrar al salón y anhelé volver a estar junto a Dios.

Sin embargo, se interponía un importante obstáculo: Tom Long y sus hijos seguían pidiéndome que volviera. Cada vez que me imploraban regresar y respirar, me sentía obligada a volver a mi cuerpo y a respirar una vez más antes de seguir mi camino. Esto se volvió tedioso y su insistencia me produjo bastante irritación. Sabía que no entendían lo que estaba sucediendo, pero me enojaba el hecho de que no me dejaran ir. Mi irritación me recordaba a lo que puede sentir un padre o una madre cuando su pequeño hijo le pide más y más cosas antes de irse a la cama: un cuento, un vaso de agua, dejar la luz encendida, apagar la luz, colocar bien las mantas, otro beso, etc., etc.

Llegamos a la entrada del salón y pude ver que adentro había muchos espíritus y mucho bullicio. Todos se fijaron en nosotros cuando empezamos a entrar y todos trasmitieron una gran compasión y amor. No obstante, antes de que pudiéramos terminar de pasar, se abatió sobre mis acompañantes una opresiva sensación de pena y tristeza y la atmósfera se volvió densa. Me explicaron que no había llegado mi momento de entrar en el salón; que mi viaje por la Tierra no había terminado, que me quedaba más por hacer y que debía regresar a mi cuerpo. Protesté, pero me dieron varias razones para que regresara y me dijeron que pronto se me daría más información.

Compartimos nuestro pesar mientras me acompañaban hasta la orilla del río. Me senté en mi cuerpo y me volví hacia estos seres celestiales, esta gente que había venido a mi encuentro para guiarme, protegerme y alentarme, para lanzarles una última mirada de añoranza antes de tenderme y volver a entrar en mi cuerpo.

CAPÍTULO 13

ÁNGELES JUNTO AL RÍO

"El que no cree en milagros
no es realista".

—David Ben-Gurión

⌒

Recobré la conciencia y, cuando abrí los ojos, vi las caras de los Long mirándome. Parecía reinar una sensación de alivio y emoción mientras Tom y Kenneth empezaban a decir a los otros lo que debían hacer para ayudarme. Adaptaron un kayak para que me sirviera de camilla y me acomodaron firmemente sobre la cubierta. La orilla rocosa estaba junto a un bosque de bambúes muy denso. La inclinación de la ladera era muy pronunciada y parecía imposible de escalar.

Mientras los Long analizaban sus opciones, aparecieron de pronto varios jóvenes chilenos. Dos de ellos ayudaron a levantar el kayak sobre el que me habían colocado y empezaron a caminar llevándolo sobre sus hombros. Otro empezó a abrirnos camino a través del bosque de bambúes. Nadie intercambió una sola palabra con ellos en ningún momento: simplemente sabían lo que debían hacer. El avance por el bosque fue lento y a cada rato yo perdía la conciencia y volvía a recuperarla. Kenneth siempre mantuvo las cualidades típicas de un hijo mayor y su vigor era lo que impulsaba a todos los demás. A pesar del cansancio cada vez mayor, nadie pararía a menos que él lo hiciera.

Durante mis breves intervalos de conciencia, les daba toda una serie de instrucciones para que me administraran esteroides. Sabía que no podía mover las piernas y, como soy cirujana de la columna vertebral, supuse que se me había fracturado la columna y que había sufrido lesiones en la médula espinal. Si esto era así, la administración oportuna de esteroides podría reducir mi nivel de parálisis. A ellos les pareció que decía incoherencias, pero no podían ignorarme. Al fin encontraron un estrecho sendero de tierra que conducía a un terraplén.

Avanzaron lentamente por ese sendero de tierra, pero sin saber en realidad lo que harían cuando al fin encontraran una carretera. La aldea más cercana estaba demasiado lejos para alcanzarla a pie y cualquier carretera que apareciese sería muy poco transitada. Tenían la vaga esperanza de toparse con alguien que tuviera un tractor viejo u otro vehículo agrícola en el que me pudieran transportar más rápido hasta la aldea. En aquellos años, prácticamente no había ambulancias en esa parte de Chile, por lo que nos llevamos una gran sorpresa cuando al fin salimos de la ladera boscosa y vimos una aparcada al borde de la carretera. El conductor no habló pero, al parecer, estaba esperándonos.

Esa mañana, cuando Bill se había despedido de nosotros en el punto de entrada al río, condujo su camioneta hasta un lugar soleado, se estacionó y sacó un libro con la intención de pasar el día leyendo tranquilamente. El plan era que se reencontraría con nosotros más tarde en el punto de salida del río. Cuando me estaban reanimando, una mujer del grupo se aterrorizó y huyó corriendo de la escena junto al río. Estoy segura de que iba guiada por Dios, pues sus pasos la llevaron al punto exacto donde Bill se encontraba leyendo. Tras una rápida explicación, ambos tomaron sin demora la camioneta y salieron por la carretera a toda velocidad en busca de nuestro grupo. Nos encontraron justo en el momento en que me subían a la ambulancia.

Tom y Chad fueron en la camioneta mientras que Bill y Kenneth vinieron conmigo en la ambulancia. El conductor se lanzó carretera abajo, en busca de la diminuta estación de primeros auxilios de la aldea de Choshuenco, y Kenneth se sintió más tranquilo en cuanto a mi estado de salud y mi grado de comprensión cuando empecé a insistir en que el conductor fuera más despacio si no quería matarnos. Cuando al fin llegamos a la estación de primeros auxilios, Kenneth y Chad regresaron al caos que había junto al río. Tom se quedó con Bill y conmigo.

Cuando Kenneth y Chad llegaron al río, lo primero que hicieron fue tratar de encontrar a los jóvenes que tanto habían ayudado para transportarme de un lado a otro del bosque. No los pudieron encontrar por ninguna parte y ninguno de los aldeanos tenía la menor idea de quiénes podrían ser. No conocían a nadie de la aldea que respondiera a la descripción que dieron Chad y Kenneth, por lo que pensaron que estos debían estar equivocados. ¿Serían ángeles? Chad y Kenneth encontraron que su camino de regreso por el bosque de bambúes hasta la orilla del río era incluso más difícil que cuando me habían sacado. El bosque les pareció aun más denso de lo que recordaban y la ladera, aun más empinada. Esto hacía que el éxito de sus esfuerzos anteriores pareciera menos plausible, a menos que se aceptara la idea de que mi rescate había sido resultado de una intervención divina.

Una vez que todos los demás kayakistas estuvieron a salvo, Kenneth y Chad trataron de recuperar los dos kayaks que aún estaban atrapados al fondo de la cascada. Les resultó casi imposible. No podían tocarlos siquiera. El peñasco sobre el que se habían parado cuando me sacaron del agua había desaparecido. Les tomó más de una hora de dedicación y de cambiar cuerdas reventadas sacar el primer kayak. Para poder lograrlo, tuvieron que doblar ambas embarcaciones a la mitad atando cuerdas a los extremos de los kayaks y rotarlos de tal manera que la corriente pudiera hacer su parte. Cuando al fin recuperaron las cuerdas que habían usado, vieron que la fricción y la fuerza entre ellas habían sido suficientes para que los nudos se derritieran y fusionaran.

Cuando regresaron a Pucón, estaban exhaustos y agobiados por la absoluta imposibilidad de mi rescate y los aspectos sobrenaturales de lo que había ocurrido. La presencia y la intervención decidida de Dios estaban claras para todos los que habían estado presentes. Tom, Kenneth, Chad y Anne me han dicho que sintieron que la situación pasó de una sensación de fracaso y desesperanza total y absoluta a la obtención del éxito sin que ellos hubieran hecho ninguna contribución importante. Me han descrito lo sucedido como una representación coreografiada en la que simplemente desempeñaban los papeles que se les habían asignado. Hasta el día de hoy, siguen considerando que lo que nos pasó no es simplemente un buen relato. No fue solo un milagro, sino una constelación de milagros para los cuales no queda otra explicación posible que la intervención de Dios. Como dijo Chad más adelante: "No permitamos que la vida enturbie lo que sucedió. Todos fuimos parte de un milagro".

Anne ha dicho que se sintió abrumada por las sensaciones simultáneas y contrastadas de sentirse tan indefensa e insignificante en el universo y, al mismo tiempo, tan amada por Dios, al punto de que este decidió hacerse presente. Creo que tanto ella como todos los demás aún sentimos que no éramos merecedores de su intervención. Con tanto sufrimiento y tanta gente necesitada en el mundo, es difícil de entender cómo o por qué Dios intervino aquel día en el río Fuy en Chile, pero, evidentemente, lo hizo.

Anne ha descrito que se sintió al mismo tiempo indefensa y sorprendentemente liberada. Sabe que Dios tiene el control y siente que ahora comprende el versículo de la Biblia que describe como uno tiene que renunciar a todo para ganarlo todo:

"Porque el que quiera salvar su vida, la perderá;
pero el que pierda su vida por causa de
Mí y del evangelio, la salvará".

—Marcos 8:35 (LBLA)

CAPÍTULO 14

EL REGRESO A WYOMING

"No te desampararé, ni te abandonaré".

—Hebreos 13:5 (RVC)

La clínica de primeros auxilios en Choshuenco era bastante rudimentaria; carecía de equipos de diagnóstico y disponía de escasos suministros. No obstante, Bill se alegró al encontrar una reserva de vendajes y me entablilló bien las piernas como todo un experto. Creo que no dije mucho, pues me sentí flotando entre este mundo y el que había dejado atrás. Seguía completamente inmersa en las visiones, la pasión, la intensidad y el amor que había presenciado en el reino de Dios.

Mientras trataba de buscar soluciones y dar sentido a lo que estaba sucediendo, tomé una decisión absoluta: no me iba a quedar en Chile para recibir tratamiento médico y tampoco me iba a quedar en ninguna de las grandes ciudades de Estados Unidos por donde pasaríamos en el camino de regreso a nuestro hogar en Wyoming. En Jackson Hole había un excelente hospital, médicos en los que confiaba y, lo que era más importante, sabía que necesitaba estar con mis hijos.

Bill y Tom me colocaron en el asiento trasero de la camioneta para el comienzo de nuestro viaje de regreso. Así fuimos hasta Coique, donde había un pequeño aeropuerto pero, como estaba cerrado, tuvimos que seguir hasta Valdivia, una animada ciudad de más de 100.000 habitantes. Bill se sintió descorazonado y le salieron lágrimas de los ojos cuando nos acercamos a la entrada del aeropuerto y vimos que la puerta estaba cerrada con llave. No habría más vuelos hasta la mañana siguiente.

Manejamos hasta la ciudad y encontramos un hotelito que tenía una habitación disponible. Cuando Tom se despidió, Bill me cargó por las escaleras y nos preparamos para pasar una larga e inquieta noche de espera hasta la mañana. Un taxi nos volvió a llevar hasta el aeropuerto al amanecer y en ese momento Bill encontró un pequeño avión que iba a Santiago. Reservó asientos y me cargó con suavidad para abordar el avión. Se comportó como un héroe. Se las vio con el equipaje, los pasajes y conmigo en mi estado debilitado.

No puedo explicar por qué decidimos tomar vuelos comerciales en lugar de pedir una evacuación médica, pero nos pareció que era lo que debíamos hacer. Bill me llevaba de un avión a otro. El vuelo de Santiago a Dallas llevaba pocos pasajeros y había varios asientos vacíos, por lo que pude ir con las piernas estiradas. Aunque los auxiliares de vuelo fruncían el ceño ante mi aspecto y mi comportamiento, nadie hizo demasiadas preguntas sobre mi situación.

Al llegar al Aeropuerto Internacional de Dallas/Fort Worth, fuimos recibidos con una silla de ruedas y nos hicieron pasar sin problemas por la aduana. Ya estábamos de regreso en Estados Unidos. Bill pensó que atraería menos la atención si solamente una de mis piernas estuviera entablillada por lo que, antes de abordar nuestro próximo vuelo a Salt Lake City, Utah, me quitó el vendaje de una pierna. Aun así, los auxiliares de vuelo manifestaron una gran preocupación al ver a Bill depositarme con suavidad sobre mi asiento. En respuesta a sus preguntas, exageramos un poco… o mucho. Les explicamos que los dos éramos cirujanos ortopédicos y que yo me había lesionado un tobillo durante nuestras vacaciones y que simplemente se nos había ocurrido que estaría más cómoda con la venda.

Evidentemente, los auxiliares de vuelo no se creyeron esta fábula, por lo que trajeron al capitán para que hablara con nosotros. Éste nos manifestó su preocupación de que yo constituyera un obstáculo en caso de accidente o de aterrizaje de emergencia. Me reí por dentro y quise explicarle que, después de todo lo que yo había pasado, estaba convencida de que este sería el vuelo más seguro que el capitán haría en toda su vida. Pero lo que en realidad le dije fue que yo estaba entrenada para situaciones de emergencia, que mi lesión no era tan mala y que definitivamente no ocasionaría ninguna demora. Satisfecho, el capitán volvió a la cabina y pronto despegamos.

Empecé a tener cierta dificultad para respirar al llegar a Utah. Cuando paramos Hole para tomar algo, noté que me sentía débil, enferma e incapaz de respirar a plenitud. Me sentía muy distante y creo que ni Bill ni yo estábamos pensando con claridad en ese momento. Nunca hablamos de ir a uno de los hospitales locales de Salt Lake City, pues yo había decidido volver a Jackson para recibir la atención médica necesaria. Como pensé que tal vez tendría un coágulo sanguíneo o neumonía, llamé por teléfono a mi internista y le pedí que nos viera en nuestro consultorio cuando llegáramos.

Entonces Bill me colocó en el asiento trasero de la camioneta y empezamos el viaje de cinco horas por carretera desde Utah hasta nuestra casa en Wyoming. Al cabo de varias horas, sentí aun mayor dificultad para respirar, por lo que empecé a cuestionar mis decisiones y a preguntarme si alcanzaría a ver a mis hijos. Bill llamó al internista y le sugirió que nos esperara en la sala de emergencia y no en nuestro propio consultorio médico.

El cambio de elevación cuando llegamos al Paso de Pine Creek (a 6.720 pies de altura) hizo que la respiración se me deteriorara aun más. Empecé a disculparme con mi esposo… mi entrañable, fiel y constante esposo a quien adoraba. Él había sido uno de los mejores regalos que había recibido de Dios y le pedí que me perdonara porque no alcanzaría a llegar a casa, por no haber parado antes, por haber decidido volver a Jackson Hole, por haberlo dejado atrás, por morir. Me disculpé una y otra y otra vez.

En Chile me había sentido segura de mi decisión de volver a Jackson Hole porque pensé que ese era el plan de Dios. Ahora que al parecer moriría antes de llegar a casa me llené de remordimiento por mi supuesto error. Me abrumaba la pena por mi esposo y mis hijos. Willie, Betsy, Eliot y Peter eran tan amorosos y vulnerables que sentí un gran pesar por no poder volver a verlos... por desampararlos.

CAPÍTULO 15

EL PODER DE LA ORACIÓN

"Si dos de vosotros se ponen de acuerdo sobre cualquier cosa que pidan aquí en la tierra, les será hecho por mi Padre que está en el Cielo. Porque donde están dos o tres reunidos en mi nombre, allí estoy Yo en medio de ellos".

—Mateo 18:19-20 (LBLA)

Cuando atravesamos el Paso de Teton (a 8.431 pies de altura), respiraba con tanta dificultad y recibía tan poco oxígeno que ya no podía hablar. Aunque no sentía ninguna incomodidad, empecé a perder la conciencia por momentos, mientras que mi esposo, que normalmente era tan respetuoso de la ley, pisaba más fuerte el acelerador y conducía a una velocidad cada vez mayor. Cuando llegamos al estacionamiento del hospital, alguien abrió de un tirón la puerta de la camioneta y el personal de urgencias me colocó rápidamente sobre una camilla.

Al alzar la vista y reconocer el rostro de mi internista que me miraba, supe que al fin había llegado a casa e inmediatamente perdí el conocimiento. Me llevaron a la sala de emergencias y me colocaron en uno de los pequeños cubículos para exámenes. Mi nivel de oxígeno era peligrosamente bajo y mi cuerpo no respondía a la administración de oxígeno.

Según la evaluación preliminar, tenía una neumonía avanzada y síndrome de dificultad respiratoria aguda. Este síndrome es una reacción inflamatoria severa de los pulmones debido a un trauma grave como el de estar a punto de ahogarse, una embolia grasa, neumonía o inhalación de humo. Esta reacción de inflamación del tejido pulmonar suele desarrollarse al cabo de veinticuatro o cuarenta y ocho horas, interfiere en la capacidad de intercambiar oxígeno y a menudo conduce a la muerte. Con tono solemne, mi internista le dijo a mi esposo que probablemente yo no sobreviviría la noche.

Natalie, la asistente médica del internista, estaba sentada en el cubículo adyacente al mío, separado por una fina cortina. Había traído en su carro a la sala de emergencia a Sherry, quien también era miembro de nuestra iglesia, para que le trataran una cortadura en un dedo. Cuando vieron las expresiones de los rostros de la gente que me rodeaba y oyeron las palabras de mi internista, inmediatamente empezaron a rezar. Oraron por la salvación de mi vida, por la sanación de mi cuerpo, por la fortaleza emocional de mi familia y porque nos rodeara la gracia de Dios. Oraron con intensidad, con pasión y con peticiones específicas. Pronto salieron de la sala de emergencia y se dirigieron al juego de baloncesto de la escuela secundaria, donde muchos miembros de la comunidad estaban vitoreando a nuestros jóvenes. Enseguida pasaron el mensaje sobre mis lesiones y pidieron a todos que empezaran a orar. A menos de una hora de mi llegada a la sala de emergencia, ya había mucha gente orando por mí. Natalie se fue a casa y siguió orando fervientemente. Oró hasta las cuatro de la mañana, cuando de repente sintió que podía descansar.

Mientras otros me elevaban ante el Señor con sus oraciones, yo yacía en la unidad de terapia intensiva. Durante gran parte de la noche, mi cuerpo luchó por sobrevivir. Según el expediente médico, alrededor de las cuatro de la madrugada, la misma hora en que Natalie sintió que podía dejar de orar, mis signos vitales se estabilizaron y las enfermeras dieron un suspiro de alivio. Después de todo, parecía ser que sobreviviría.

Posteriormente, una amiga me dijo que creía que yo había sobrevivido esa noche porque, con tanta gente orando por mí, Dios se hubiera sentido abochornado si me hubiera dejado morir. No sé qué decir de eso, pero lo cierto es que la compasión de Dios reforzó el poder de la oración de todos los involucrados.

CAPÍTULO 16

UNA VISIÓN CLARA

"No se preocupen por nada;
en cambio, oren por todo.
Díganle a Dios lo que necesitan
y denle gracias por todo
lo que Él ha hecho.
Así experimentarán la paz de Dios".

—Filipenses 4:6–7 (NTV)

A la mañana siguiente me despertó la llegada de dos diáconos de nuestra iglesia. Son dueños de una tienda local y me traían un montón de revistas para que leyera. Eran unas personas encantadoras, pero tengo que reconocer que deseaba que se fueran para poder empezar a leer las revistas. Aunque parezca extraño, me sentía muy bien. No sentía dolor y tenía bastante claridad mental.

Tan pronto se marcharon, tomé un ejemplar de la

revista *Cross Country Skier* y, para mi sorpresa, a pesar de que siempre he tenido una visión 20/20, las páginas me parecían demasiado borrosas. Dejé las revistas y encendí el televisor. Las imágenes en la pantalla también me parecían demasiado borrosas. Llegó una enfermera y noté que a ella también la veía borrosa. Ya me resultaba incómodo sostener una conversación, pues no podía quedarme mirando al mismo punto durante más de un par de segundos sin incomodarme por la forma en que veía. Era bastante molesto e irritante, por lo que decidí dormir una siesta. Cuando desperté, le pregunté a la enfermera si me podía conseguir una Biblia. Se apareció con una Biblia de los Gedeones (siempre me pregunté si alguien leía ese tipo de Biblia) y procedí a buscar versículos que me ayudaran a encontrar fuerzas. En los *Salmos*, busqué versículos conocidos como los siguientes:

"Dios es nuestro refugio y nuestra fuerza,
siempre está dispuesto a ayudar en tiempos de dificultad".

—Salmos 46:1 (NTV)

"Cuando me llamen, yo les responderé;
estaré con ellos en medio de las dificultades.
Los rescataré y los honraré".

—Salmos 91:15 (NTV)

"Todo lo puedo hacer por medio de Cristo,
quien me da las fuerzas".

—Filipenses 4:13 (RVC)

Desafortunadamente, las letras de la Biblia también me resultaban demasiado borrosas. Justo cuando la frustración me iba a hacer cerrar el libro y ponerlo a un lado, unas palabras muy claras y bien definidas desfilaron ante mis ojos. Suponiendo que ya se me había mejorado la visión, volví a los salmos. Las palabras seguían borrosas. Volví a hojear las páginas sin prestar atención antes de cerrar el libro. Una vez más, algo se vio legible y claro. Entonces busqué cuidadosamente entre las páginas hasta que pude encontrar el versículo que veía nítidamente...

Decía así:

"Estén siempre gozosos".

—1 Tesalonicenses 5:16 (RVC)

¡Increíble! Empecé a contemplar el significado de este versículo, pues era claramente una directriz de Dios. En mi contemplación, reflexioné sobre la importancia definitiva que tienen para Dios los corazones y los espíritus gozosos. La palabra "gozo" se menciona a menudo en todos los libros de la Biblia. Siempre he sido una persona "alegre" y generalmente veo el lado bueno de las cosas, pero está claro que el gozo es distinto de la alegría. No se basa en las circunstancias, sino en la presencia, la esperanza y las promesas de Dios. Aunque sintamos que los problemas terrenales nos están aplastando, podemos seguir estando gozosos. Si nos mantenemos enfocados en Dios, nadie puede pisotear nuestro espíritu. El gozo es un estado mental y existencial. Refleja la elección consciente de creer en las promesas de la Biblia.

Unas horas después, pude ver con claridad un segundo versículo. Decía así:

"Oren sin cesar".

—1 Tesalonicenses 5:17 (RVC)

La oración es la forma en que podemos comunicarnos con nuestro Señor. Este versículo nos indica la necesidad de mantener constantemente abierta una línea de comunicación con Dios. Nos dice que vivamos una vida de oración, en la que oremos constantemente en silencio cada vez que respiramos y siempre estemos al tanto de la orientación de Dios.

Antiguamente creía en el poder de orar por el propio bien: por la capacidad de perdonar, por el cambio, el conocimiento, etc., etc. Había asumido el concepto de que la oración no cambia el resultado de una situación, pero sí nos cambia a nosotros. Aunque sigo creyendo firmemente en este aspecto de la oración, me he dado cuenta de que esto no representa la totalidad de este fenómeno, pues Jesucristo ha dicho: "Donde dos o tres se reúnen en mi nombre, allí estoy yo en medio de ellos". A mí me había llegado el momento de experimentar personalmente esta promesa de Jesucristo y el extraordinario poder de la oración colectiva por el bienestar del prójimo. Empecé a ver mi vida y cada oportunidad que se me da de respirar como una oración viviente a Dios y una manera de orar por el prójimo y por el mundo.

El último versículo que pude ver con claridad ese día fue el siguiente:

"Den gracias a Dios en todo, porque esta es su voluntad
para ustedes en Cristo Jesús".

—1 Tesalonicenses 5:18 (RVC)

¡Esto sí que era increíble! Inmediatamente, esto me recordó a una conocida fábula sobre la necesidad de dar las gracias y mostrar gratitud por las cosas pequeñas:

"Cuando un panadero dio una hogaza de pan a un pobre, este le dio las gracias, pero el panadero le respondió: 'No me des las gracias a mí, dáselas al molinero que hizo la harina'. Entonces el pobre agradeció al molinero, pero este le dijo: 'No me des las gracias a mí, dáselas al granjero que sembró el trigo'. El pobre dio las gracias al granjero, pero este le dijo: 'No me des las gracias a mí, dáselas al Señor, que nos dio el sol y la lluvia e hizo que la tierra fuera fértil, y por eso es que ahora tenemos pan para comer'".

Durante varios días seguí viendo borroso el resto de la Biblia, así como otros materiales escritos, la televisión e incluso las caras de mis seres queridos. Por este motivo, no pude leer nada más que estos tres versículos de la Biblia, no pude ver televisión y no quise conversar con nadie. Lo único que hice fue leer y releer estos tres versículos. Aunque son tres de los más breves de la Biblia, me parece que tienen un gran alcance y que resumen gran parte de lo que Dios nos pide.

CAPÍTULO 17

CONVERSACIÓN CON UN ÁNGEL

"Pidan, y se les dará;
busquen, y encontrarán;
llamen, y se les abrirá".

—Mateo 7:7 (RVC)

⌣

Pasé muchas horas contemplando lo que Dios me pedía. Incluso antes de mi accidente con el kayak, yo no creía realmente en la suerte ni en las coincidencias. Creía que la mano de Dios está presente en casi todo y que casi todo lo que sucede es parte de un plan mayor. Estaba tendida en la cama del hospital reflexionando sobre el propósito de mi accidente cuando de repente me encontré sentada sobre una roca en un gran campo bañado por el sol.

Me vi "conversando" con un ángel que estaba sentado

en una roca cercana. Le llamo ángel, pero en realidad no sé lo que era: si ángel, mensajero, Cristo o maestro. Lo que sé es que era de Dios, estaba con Dios y venía de Dios. Durante nuestra conversación, yo hacía preguntas y él me daba respuestas. Hablamos sobre cómo "estar siempre gozoso", incluso en medio de circunstancias terribles, y conversamos sobre la eterna pregunta: "¿por qué a personas buenas les pasan cosas malas?". Durante esta charla, se me comunicó la siguiente sabiduría.

A cada uno se nos da la oportunidad y el privilegio de venir a la Tierra por distintas razones. A veces venimos para poder desarrollar y fortalecer personalmente los frutos de nuestro espíritu: el amor, la bondad, la paciencia, la alegría, la paz, el bien, la fidelidad, la ternura y el autocontrol. A veces venimos para ayudar a otras personas a desarrollar los frutos del espíritu. Todos venimos a la Tierra para transformarnos según la imagen de Cristo, como se indica en el capítulo ocho de *Romanos*.

Durante la preparación para nuestro viaje en la Tierra, se nos da la oportunidad de trazar un esbozo básico de nuestras vidas. Esto no significa que los humanos tenemos todo el control. Más bien es que Dios crea nuestra vida y luego nosotros la examinamos y la discutimos con nuestro propio ángel "de planificación personal". Dentro de este esbozo se prevén bifurcaciones en las que podemos salir y volver a Dios, o en las que tal vez se nos indique un cambio de dirección con nuevas tareas y metas.

Es posible que nuestras propias elecciones conscientes y circunstancias nos conduzcan a estos puntos de bifurcación, o que seamos empujados por intervenciones de ángeles. ¿Alguna vez ha llegado usted de repente a un lugar "justo en el momento preciso"? Cuando reflexiona sobre su vida, ¿puede recordar a alguna persona que haya entrado brevemente en ella, y le haya dicho o haya hecho algo que tuvo en su vida un impacto desproporcionadamente grande en comparación con lo que esa persona dijo o hizo? ¿Cuáles fueron las circunstancias en que conoció a su cónyuge o cuáles fueron los detalles de otros sucesos tan importantes como este? ¿Alguna vez pensó al azar en alguien que luego se apareció o se comunicó con usted inesperadamente? ¿Alguna vez ha sucedido algo que le haya hecho pensar: "¡Qué cosa tan rara!"? Piense en si se trata de un conjunto de "coincidencias" o si pudieran ser sucesos orquestados, pruebas de la mano de Dios en nuestras vidas.

Aunque rara vez somos conscientes de los ángeles o de su intervención en nuestro mundo, creo que todos los días estamos rodeados por ángeles. Los ángeles son seres espirituales que se mencionan más de doscientas cincuenta veces tanto en el Antiguo Testamento como en el Nuevo Testamento de la Biblia. Aparecen como criaturas, sucesos o seres humanos, y ofrecen loas y veneración a Dios. Protegen y guían a la gente de Dios y tienen intervenciones frecuentes o traen mensajes de Él a los humanos. Son los orquestadores de las "coincidencias" que ocurren tan comúnmente en nuestras vidas.

Conviene señalar que, según la mayoría de los teólogos, los ángeles que viven entre nosotros se rigen por la voluntad de Dios, no por la nuestra. El autor Lewis Sperry Chafer dijo lo siguiente en *Systematic Theology* (Kregel, 1993): "Una de las razones por las que los ángeles son invisibles a la vista humana podría ser que, si los viéramos, los veneraríamos. El hombre, que está tan inclinado a la idolatría, sería casi incapaz de resistirse a venerar a los ángeles si los tuviera ante sus ojos".

Si bien no suelen ser reconocidos, lo cierto es que los ángeles parecen estar presentes y activos en nuestro mundo actual. En un artículo de la revista *Newsweek* titulado "En busca de lo sagrado" (noviembre de 1994) se afirma: "El veinte por ciento de los estadounidenses ha tenido una revelación de Dios durante este último año, y el trece por ciento ha visto o ha percibido la presencia de un ángel".

A menudo los ángeles nos exponen, o nos empujan, a una situación que nos obliga a cambiar de rumbo. Por supuesto, ese cambio de rumbo no es realmente forzoso. Más bien, cuando se nos insta a acercarnos a la bifurcación de nuestro camino, somos nosotros quienes elegimos girar a la izquierda o a la derecha. Cada elección nos lleva hacia adelante y no hay retroceso ni segundos intentos. Cada elección que hacemos hoy influye en las elecciones que deberemos hacer mañana. El planeta Tierra y los seres humanos que vivimos en él estamos verdaderamente interconectados y no existe ninguna acción que no provoque algún tipo de reacción.

Incluso las circunstancias y sucesos más terribles pueden conducir a grandes cambios en las personas y/o en las sociedades. Si no hubiera crueldad, tampoco nos inspiraríamos a sentir compasión. Sin tribulaciones personales, no desarrollaríamos la paciencia ni la fidelidad. El reconocimiento de que nuestras preocupaciones terrenales tienen poca importancia cuando se comparan con la vida eterna es lo que nos permite conocer el gozo en medio del pesar y la preocupación. ¿Alguna vez usted realmente ha cambiado o experimentado crecimiento personal durante épocas de comodidad o complacencia? El hecho de aceptar que los cambios rara vez vienen sin dificultades o retos puede ser realmente liberador y permitirnos "estar siempre gozosos". También nos permite vivir cotidianamente agradecidos de corazón y dando las gracias en todo momento. Sean cuales sean las circunstancias, podemos sentirnos agradecidos de que Dios cumple sus promesas, que nuestra fe es suficiente para sostenernos y que nuestra vida eterna está garantizada.

A veces aparecen en nuestras vidas situaciones incómodas o personas irritantes, que son puestas allí para conducirnos en una dirección más acorde con la voluntad de Dios. Un ejemplo que me gusta es el del mendigo que se sienta frente al despacho de un empresario rico con el propósito de ayudarlo a desarrollar una mayor tolerancia y compasión por el prójimo.

Veo ejemplos de esto en mi propia vida. Antes del accidente, el comportamiento de algunos colegas me molestaba profundamente. Después, aunque su comportamiento seguía sin gustarme, me di cuenta de que desconozco el propósito de estas personas en la Tierra y tampoco sé por qué son parte de mi vida. Aunque a veces es muy difícil de aceptar, sé que Dios ama a cada uno de ellos tanto como me ama a mí. En lugar de sentirme irritada por su comportamiento, ahora me alegra saber que dicho comportamiento me enseña a mí a tener paciencia y doy las gracias por esto. También empecé a orar por ellos, lo que me ha permitido cambiar significativamente mi perspectiva. El ejercicio de orar por otras personas (y me refiero a orar con amor, no a las oraciones que se sugieren de forma humorística en una canción de estilo *country* en la que se ora por que el carro se quede sin frenos, que le caiga un florero, que el motor se rompa, etc.) puede llevar a resultados espectaculares y a una mayor paz y sensación de satisfacción. Definitivamente vale la pena intentar este ejercicio.

Mientras que el ángel que estaba sentado en la roca cercana seguía presentando explicaciones y respondiendo pacientemente a mis preguntas, empecé a visualizar una analogía razonable de nuestras vidas individuales: cada uno de nosotros es como un pequeño hilo que contribuye a tejer un tapiz muy grande y muy bello. De este modo, nos pasamos la vida preocupándonos por nuestro hilo (de qué color es, qué longitud tiene) e incluso nos enojamos cuando el hilo se tuerce o se desgasta. El tapiz completo es demasiado grande para que lo podamos ver y su diseño es demasiado complejo para que podamos apreciar la importancia de nuestro hilo. De todas formas, sin nuestra contribución individual, el tapiz estaría roto e incompleto. Por lo tanto, deberíamos reconocer nuestra contribución y alegrarnos de la oportunidad de hacerla. Nuestros hilos —o sea, nuestras vidas— son importantes; lo que hacemos y lo que elegimos, por insignificante que parezca ser, realmente marca la diferencia.

Resulta interesante que, cuando se describen ciertos sucesos o circunstancias terribles, las personas directamente involucradas rara vez son las que hacen dichas descripciones. He hablado con mucha gente que se ha encontrado en el centro de una situación que otros describen como "terrible, trágica o desastrosa", pero personalmente se siente agradecida por la situación y no cambiaría sus circunstancias si se le diera la opción.

Lo que quiero decir es que el hecho de interpretar que algún suceso es inherentemente "bueno" o "malo" es pura cuestión de perspectiva. ¿Puede decirse que "suceden cosas malas a gente buena"? No estoy segura. Jesucristo era definitivamente un hombre muy "bueno". Está claro que muchos interpretarían su crucifixión como algo "malo". Sus discípulos se sintieron desolados, pero es que las profecías del Antiguo Testamento no se habrían cumplido y no existiría un nuevo pacto con Dios si Jesús no hubiera sido crucificado. Desde esta perspectiva, resulta difícil declarar que la crucifixión de Jesucristo fue algo "malo". De hecho, la crucifixión es la propia esencia de la "buena nueva" que celebramos los cristianos.

Incluso cuando nos sentimos frustrados por la incapacidad de entender alguna circunstancia o suceso, hay ángeles invisibles que nos reconfortan y nos protegen, siguiendo instrucciones que provienen de la sabiduría de Dios. Es necesario confiar en la palabra y las promesas de Dios.

CAPÍTULO 18

LA UNIDAD DE ATENCIÓN AL PACIENTE

"Este es el día que el Señor ha hecho;
regocijémonos y alegrémonos en él".

—Salmos 118:24 (LBLA)

⁓

Cuando mi salud lo permitió, fui transferida a la unidad de atención al paciente. Al llegar allí, aún no tenía grandes dolores y seguía sintiéndome envuelta en el manto de Dios. De hecho, me sentía dichosa. Cuando alguien llegaba a mi cuarto por primera vez, literalmente daba un paso atrás y, con gran expresión de sorpresa, preguntaba: "¿Qué está pasando aquí?". Entonces me describía una sensación de poder y presencia física que percibía en la habitación. La primera vez que me lo dijeron, no les hice mucho caso. Como me lo decían una y otra vez, y esto pasaba con todo tipo de gente distinta, empecé a creer que lo que estaban sintiendo era la energía casi palpable que había en la habitación. No debería sorprenderme que pudieran sentir la presencia de Dios, pues yo definitivamente la sentía.

Habían transcurrido alrededor de dos semanas desde mi accidente, pero yo todavía pasaba la mayor parte del día en contemplación pensativa, tratando de hallar sentido a todo lo que había sucedido. Creía que todo ocurre para bien y empecé a contemplar las posibles razones de este accidente. Sin darme cuenta, me encontré de nuevo sentada frente a un ángel en un hermoso campo bañado por el sol. El resplandor e intensidad de la belleza que me rodeaba y la pureza del amor radiante del ángel me resultaban simultáneamente abrumadores y rejuvenecedores.

Me pareció que hablamos durante horas y nunca quise marcharme. Hablamos de los detalles específicos de mi accidente y recibí más información acerca de las razones por las que había vuelto a la Tierra. Más adelante en este libro les revelaré algunas de estas razones, que incluían la de proteger la salud de mi esposo, ser un apoyo sólido para mi familia y mi comunidad después de la muerte de mi hijo, ayudar a otros a encontrar su camino hacia Dios y compartir mi relato y mis experiencias.

Cuando nuestra conversación terminó y me llegó la hora de volver, el ángel me dio un beso en la frente y se despidió de mí. Supe que esa sería nuestra última conversación y, con ese beso, gran parte de lo que se me había revelado pareció quedar bajo un velo. Tuve la sensación de que luego podría optar por alzar el velo y recordar todo lo que se me había dicho si realmente lo deseaba, pero que lo que se esperaba de mí era que las mantuviera veladas.

Al ser transferida a la unidad de atención al paciente, se me permitió empezar a recibir visitas. Estaba ansiosa por ver a mis hijos y abrazar fuerte y calurosamente a cada uno de ellos. Cuando llegaron, mis tres hijos mayores no quisieron acercarse a mí y mi hijo menor se mantuvo lo más lejos posible de la cama. Me imagino que mi apariencia los debe haber asustado, y que incluso estaría irreconocible con la cantidad de tubos y máquinas que tenía conectados a mi cuerpo, pero su vacilación me desgarró el alma. Al cabo de unos días, llegaron a acostumbrarse y pudimos pasar horas gloriosas acurrucados en mi cama del hospital viendo películas. Aunque los adoraba y me encantaban los ratos que pasábamos juntos, una parte de mi ser todavía anhelaba estar con Dios. Cuando me di cuenta de esto, me sentí desolada y deprimida.

Una tarde me despertó la visita de Al Forbes, uno de los socios de mi consultorio médico. Era un hombre cristiano, por lo que sentí que le podía contar los detalles de mi extraordinaria experiencia en el río. Cuando le dije que me había ahogado, que había recibido el amoroso abrazo de Dios y que habían ocurrido varios milagros, Al empezó a llorar. Le pregunté por qué lloraba y quedé sorprendida cuando me respondió que lo llenaba de envidia que yo hubiera estado tan cerca de Dios; lloraba porque normalmente no se consideraba una persona envidiosa. Como no quise incomodar a nadie más, opté por no contar a muchas otras personas los detalles ni la magnitud de mis experiencias con Dios.

A medida que mi estado físico pasaba a ser más bien

de recuperación que de supervivencia, me sentí absorbida más plenamente en la realidad de este mundo. Mis vínculos con el mundo de Dios se fueron haciendo menos palpables, hasta que ya no podía pasar de un mundo al otro ni sostener conversaciones con los ángeles. Cuando mis colegas ortopedistas (incluido mi esposo) se pusieron de acuerdo sobre un plan de tratamiento, pude al fin someterme a la primera de varias operaciones para reparar quirúrgicamente las distintas lesiones. Con este comienzo de la recuperación física, también empecé a sentir dolor.

El resto del tiempo que pasé en el hospital fue difícil para todos. Seguía tratando de procesar lo que había presenciado y meditando sobre los tres versículos de *1 Tesalonicenses,* pero tenía las dos piernas entablilladas desde los dedos hasta las caderas, por lo que no podía moverme. Bill se pasaba el día en el trabajo, mis hijos mayores estaban en la escuela y Peter estaba con nuestra niñera, Kasandra. Como estaba acostada boca arriba y solamente podía entretenerme con el techo, me dediqué a contar una y otra vez los pequeños agujeros de cada una de las piezas del cielo raso. Primero los conté verticalmente, luego horizontalmente y luego diagonalmente. La emoción de obtener cada vez la misma cifra no contribuyó mucho a paliar el tedio.

Recibir visitas me resultaba agotador, pero era un interludio que me sacaba de aquella monotonía. Un amigo movió mi cama hacia el delicioso sol que entraba por una de las ventanas del pasillo y una amiga muy atenta me trajo una loción de lavanda para el cuerpo que olía como un campo recién florecido. Cada vez que me frotaba esta loción en las manos, me deleitaba con su aroma y me dejaba envolver por una sensación de confort y belleza. Esto significó tanto para mí en aquel momento, que he conservado el recipiente. Ahora, cuando lo abro ocasionalmente y percibo el vestigio de su fragancia, recuerdo inmediatamente mi sensación de deleite y el afecto que siento por la persona que me lo regaló.

Después de haber pasado más de un mes en el hospital, no tuve ningún reparo en recoger todas mis pertenencias e irme a casa.

CAPÍTULO 19

MI RECUPERACIÓN FÍSICA

"La vida no es cuestión de esperar a que pase el aguacero, sino de aprender a bailar en la lluvia".

—Vivian Greene

Me entusiasmaba la idea de irme del hospital pero, una vez en casa, me sentí deprimida emocionalmente y abatida físicamente. Sí, trataba de mantenerme gozosa ante las circunstancias, pero eso no cambiaba mi realidad física tangible. Tenía vendas rígidas que me cubrían las dos piernas desde la ingle hasta los dedos de los pies. No me podía mover por la casa por mi propia cuenta, aunque sí podía mantenerme de pie con un andador si alguien me ayudaba a pararme. Si no tenía cerca a nadie que pudiera ayudarme, estaba restringida a la silla de ruedas.

Nuestra casa alquilada debe haber sido construida en los años setenta, con puertas y pasillos muy estrechos. Un amigo desmontó las puertas de sus bisagras para que me pudieran mover en la silla de ruedas entre el cuarto y la cocina, pero yo era como una piedra de adorno. Cuando alguien me ponía en una habitación, tenía que quedarme allí hasta que se me trasladara a otro lugar.

Durante mi estancia en el hospital, se me formaron coágulos sanguíneos en las piernas que se desprendieron y me llegaron a los pulmones. Para ayudar a disolver los coágulos y evitar mayores complicaciones, Bill me ponía dos inyecciones diarias, lo que no era una experiencia placentera para alguien que detesta los pinchazos. También estaba tomando píldoras narcóticas para el dolor y requería ayuda incluso para las actividades más básicas de la vida cotidiana. Había desaparecido la euforia de visitar el Cielo y lo que había quedado era el tedio de cada día y la dificultad de aceptar que había sido enviada de vuelta a la Tierra. Estaba realmente bastante apesadumbrada. Siempre he sido una persona físicamente activa y fuerte, por lo tanto la inmovilidad física representaba una dificultad emocional para mí. Era muy difícil seguir la recomendación del discípulo Santiago: "Considérense muy dichosos cuando tengan que enfrentarse con diversas pruebas, pues ya saben que la prueba de su fe produce constancia". Pensé que yo ya había desarrollado suficiente constancia.

Scott era uno de los asistentes de enfermería del hospital a quien Bill había contratado para que me diera atención a domicilio un par de veces por semana. Era un hombre fuerte, cariñoso y siempre animado. Yo esperaba con ansiedad estas visitas y me daba gusto la alegre energía que Scott me proporcionaba. Me llevaba de una habitación a otra, me lavaba el cabello, me preparaba el almuerzo, me buscaba los lugares donde hubiera sol y simplemente me acompañaba. A pesar de sus visitas, yo languidecía. Algunos de mis amigos más creativos decidieron actuar: ataron dos esquíes a la parte inferior de un trineo de motonieve y prepararon un asiento dentro del trineo. Luego engancharon una manija a la parte de atrás para que, una vez en el asiento, Scott pudiera empujarme por mi calle cubierta de nieve… ¡Así pudieron sacarme a pasear como un bebé en un cochecito!

A veces Scott me empujaba lentamente, pero a veces me llevaba a una de las colinas cercanas y me dejaba alcanzar un poco de velocidad en el trineo mientras él corría detrás de mí. Se me ocurrió usar en estos paseos unos bastones cortos de esquí y desarrollé cierta habilidad para pasear en el trineo y guiarlo encajando los bastones en la nieve por un lado o por el otro. Los paseos en trineo eran las únicas oportunidades en que tenía cierta movilidad, por lo que me parecían magníficos. Dentro del trineo, me sentía viva. Mi familia empezó a llamar a Scott "el chico del trineo", pues a su llegada lo único que yo quería era que preparara el trineo y me llevara a pasear. Scott contribuyó tanto a mi recuperación que sentí un poco de pesar al tener que despedirnos cuando al fin pude valerme por mí misma. Más adelante, Scott se mudó a otra ciudad y empezó a trabajar como asistente de un médico. Hace muchos años que no sé nada de él, pero lo recuerdo con afecto y siempre valoraré la bondad que me mostró.

Mi hijo menor, Peter, tenía apenas un año y medio cuando ocurrió el accidente. Peter fue el que menos se me quería acercar cuando estaba en el hospital pero, desde que volví a casa, nunca se apartó de mi lado. Durante meses, su amor, constancia, consuelo, y el hecho de que compartíamos el conocimiento de la presencia de Dios, me mantuvieron vinculada con él y, a través de él, con este mundo. Como era tan pequeñín, creo que todavía recordaba el mundo de Dios, lo que parecía darle cierta comprensión del aspecto espiritual de mi experiencia y de la situación. Mis hijos mayores me proporcionaron gran alegría, tranquilidad e inspiración y Kasandra, nuestra maravillosa niñera, nos daba a todos una gran sensación de estabilidad.

Pero aunque yo me encontraba presente físicamente en la casa, estaba emocionalmente ausente. Absorta en mi propio mundo de recuperación física y agitación emocional, trataba de procesar todo lo que me había sucedido. Me tomó más de un año aceptar al fin que no solo había sido enviada de vuelta a la Tierra, sino que todavía me quedaban obras por realizar. Era parte de una familia a la que quería profundamente y por fin me convencí de que más me valía aprovechar la vida al máximo. Durante este tiempo, Bill fue el elemento aglutinador de nuestras vidas. Trabajaba a tiempo completo en su propio consultorio de ortopedia, mantenía el mío, se ocupaba de nuestros hijos, cambiaba los pañales de Peter, se aseguraba de que todos hubiéramos comido, me administraba las inyecciones y organizaba mi tratamiento médico, todo esto mientras trataba de procesar sus propios sentimientos de indefensión y pesar por lo sucedido. Se comportó de forma excepcional a pesar de que estaba exhausto física y emocionalmente.

La comunidad en la que vivimos también dio tanto apoyo a nuestra familia que todavía quiero llorar de emoción cuando pienso en esto. Durante varios meses, alguien de la iglesia o algún otro miembro de la comunidad traía comida a casa todas las noches. Ocasionalmente, venían vecinos a pasarse el fin de semana ocupándose de mí y de mi casa para que Bill pudiera irse a esquiar o a hacer alguna otra cosa por su propia cuenta. No llevábamos mucho tiempo viviendo en esta comunidad antes del accidente, por lo que ni siquiera conocía a muchas de estas personas y muchos de ellos tampoco nos conocían a nosotros. Pero de todos modos respondieron ante nuestra necesidad y la bondad que nos mostraron fue una inmensa bendición.

Betsy, Peter, Willie y Eliot justo antes de que nos mudáramos a Jackson Hole, Wyoming.

Años después, mi hijo mayor, Willie, cuando iba a escalar el monte Grand Teton.

Bill y yo, relajándonos al sol en Chile antes de
dirigirnos al río.

Bill y yo en el punto de salida del recorrido en kayak
por la sección superior del río Fuy. Tengo puesta su
chaqueta de remar, de color rojo intenso.

Vista desde arriba de una parte del río Fuy. Este hermoso río es peligroso debido a sus orillas rocosas y sus laderas empinadas y cubiertas por densos bosques.

Quedé atrapada bajo la turbulencia en el fondo de la caída de agua a la izquierda de este kayakista.

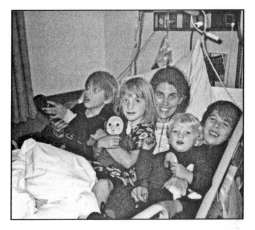

Cuando ya me encontraba estable, Willie, Betsy,
Peter, Eliot y yo nos acurrucábamos en la cama
para ver películas.

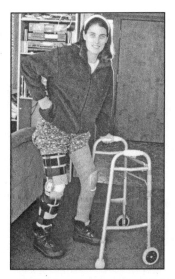

Caminar era definitivamente muy difícil, pero me
sentía feliz de estar de pie y de tener cierta movilidad
después de pasar tanto tiempo en silla de ruedas.

Peter, Willie, Bill, Betsy, Eliot y yo. Estas vacaciones familiares durante las Pascuas de 2004 cambiaron el rumbo de nuestras vidas.

Octubre de 2010; Betsy, Mary, Peter, Eliot y Bill en nuestro primer viaje sin Willie.

Me encanta el agua y aún disfruto del kayak cada vez que puedo.

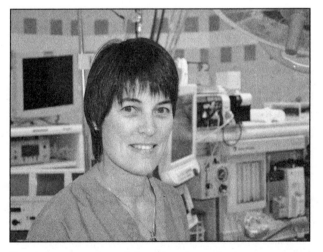

Sigo encontrando satisfacción como cirujana, aunque ahora trato de integrar el componente espiritual.

Willie coloca su primer cartel de "No mantener el motor encendido" en Jackson Hole. Desde entonces, sus mensajes positivos han seguido inspirando a muchas personas, se han promovido aún vez más campañas como esta y se han colocado carteles en más de treinta ciudades.

CAPÍTULO 20

BOB

"He peleado la buena batalla,
he terminado la carrera y he permanecido fiel".

—2 Timoteo 4:7 (NTV)

⌐

Dos semanas después de que me dieran de alta en el hospital, recibí una llamada telefónica en la que se me informó que a mi padre, Bob, le iban a retirar el soporte vital. ¿¿¿Cómo??? Aunque mi cerebro funcionaba correctamente y oí bien lo que dijeron, no podía entender la información que recibía. Si ni siquiera sabía que mi padre estaba en el hospital, ¿cómo iba a poder entender que le iban a quitar el respirador artificial que lo mantenía vivo?

Poco a poco me fui enterando de que dos semanas atrás mi padre no se había sentido bien durante una visita a mi hermano en San Francisco. A su regreso a Michigan, contrajo una fuerte neumonía. Fue ingresado en el hospital para recibir tratamiento pero, al ver que no mejoraba con antibióticos, le colocaron un respirador artificial para tratar de mejorar la transferencia de oxígeno. Su salud siguió empeorando a pesar de este procedimiento tan agresivo y, cuando sus órganos internos empezaron a fallar en secuencia, mi madrastra tomó la decisión de retirarle el soporte vital externo. Inexplicablemente, mi madrastra también había decidido que no nos contactaría a mí ni a ninguno de mis tres hermanos (todos éramos hijos del anterior matrimonio de mi padre) cuando lo hospitalizaron, ni cuando su salud empeoró ni cuando ella tomó la decisión de retirarle el soporte vital.

Durante varios años, las relaciones de mi padre con mis hermanos y con nosotros se habían vuelto tirantes debido a las circunstancias de su vida. A menudo hablaba de lo mucho que deseaba mantener una relación estrecha con cada uno de nosotros, pero su esposa no lo apoyaba en absoluto y le ponía muchos obstáculos. Ella era viuda y tenía cinco hijos, algunos de los cuales seguían viviendo en casa con ellos. Creo que mi madrastra simplemente no quería aceptar la idea de que mi padre hubiera tenido una vida anterior a ese matrimonio y cuatro hijos ya adultos. Le prohibió poner fotos nuestras en su casa, llamarnos por teléfono desde la casa o hacer un esfuerzo especial por visitarnos. Mi padre a menudo lloraba al hablar de esto con nosotros, pero no podía, o no quería, exigir que las cosas cambiaran. Su inminente muerte haría que nuestra delicada relación con él fuera definitiva y eliminaría toda posibilidad de reconciliación. Por estos motivos, yo sabía lo importante que era que lo viéramos antes de que se cortara el último hilo que lo conectaba a la vida.

Sin hablar con mi madrastra, contacté al médico que atendía a mi padre y le supliqué que le mantuviera el soporte vital hasta que llegáramos mis hermanos y yo. El médico accedió a hacerlo, muy a regañadientes. Mi padre seguiría con el respirador artificial durante uno o dos días más, pues cada uno de nosotros viajaba desde puntos distantes del país. Debo reconocer que el médico solo accedió porque lo presioné despiadadamente.

Mis hermanos estaban en el aeropuerto cuando llegué; de ahí nos fuimos directamente al hospital. Cuando entré en la habitación, vi que mi padre estaba sedado y que el respirador artificial le bombeaba aire a los pulmones rítmicamente. Aunque todavía estaba "vivo", tuve la apabullante sensación o, más bien, el profundo conocimiento, de que su alma había abandonado su cuerpo. Ya estaba muerto. Aunque es común creer que el alma se va del cuerpo en el momento de la muerte física, he llegado a la conclusión de que la salida del alma es lo que define y determina el momento de la muerte, en lugar de ser la muerte física del cuerpo la que determina el momento de partida del alma. Con el uso de la medicina y la tecnología modernas, nuestro organismo puede seguir funcionando físicamente y parecer estar "vivo" pero, si Dios considera que no se cumple ningún propósito con que el alma vuelva al cuerpo, la persona en esencia está muerta. No solo había visto esta situación durante mi entrenamiento como cirujana, sino también en los numerosos casos de experiencias cercanas a la muerte en las que se describe la salida del alma de un cuerpo físico que aún permanece vivo.

Mi padre había sido una persona vivaz, activa y de buena forma física. Al igual que su hermano gemelo, había sido estrella de atletismo de la NCAA, lo que los convertía en integrantes de un grupo élite de campeones y miembros del Salón de la Fama de la NCAA. Tenía emociones encontradas cuando al fin pude sentarme a solas en el cuarto del hospital, junto al cuerpo pálido y un tanto reducido de mi padre. Sentí gozo por él —por su reencuentro con Dios— y un poco de pena por mí, pues todavía no había asimilado del todo la necesidad de mi regreso a la Tierra después del accidente en Chile. Lamenté no tener una última oportunidad de expresarle a mi padre mi amor y gratitud por su vida, y me entristeció aun más el hecho de que nunca llegué a contarle mis recientes experiencias en el Cielo. Le podría haber dado una idea de la enorme alegría que le esperaba a su llegada y creo que, si hubiera hecho esto, su partida habría sido más apacible.

Mis hermanos Rob y Bill, mi hermana Betsy, nuestra madrastra y yo estábamos junto a la cama de mi padre cuando le retiraron el tubo del respirador artificial y, lentamente, lo vimos dar su último aliento.

Después de esto, Rob, Bill, Betsy y yo volvimos a nuestra habitación en el hotel, donde rememoramos su vida, lloramos y nos reímos hasta la noche recordando nuestras aventuras de la infancia con papá. En los días posteriores, nos dedicamos a organizar las flores y los programas, mientras que mi madrastra se ocupaba de los otros aspectos de su funeral. Para ser justa, debo decir que mis hermanos se ocuparon de los detalles organizativos mientras yo esperaba en el carro o en cualquier otro lugar donde me dejaran, pues aún tenía las dos piernas inmovilizadas con largas vendas y me resultaba demasiado trabajoso tratar de seguirlos con mi andador.

La Primera Iglesia Presbiteriana de Kalamazoo, en Michigan, era elegante, antigua y bella. Durante el funeral de mi padre, el gran vitral tradicional hacía que el santuario principal quedara bañado de un sinnúmero de colores. Cuando me acomodé en mi conocido banco de primera fila, me retrotraje mentalmente para disfrutar y volver a experimentar la maravilla que siempre sentí como cuando de niña admiraba las imágenes de esos mismos vitrales.

Mi padre había sido una persona muy conocida y respetada en nuestro estado, y parecía que todos los habitantes de la región hubieran acudido para darle su último adiós. Fue un funeral extenso, pero los asistentes esperaron con paciencia a que me ayudaran a levantarme de la silla de ruedas y subir al podio para loar su vida. Cuando al fin los gaiteros tocaron los acordes de "Amazing Grace" al terminar el servicio, yo estaba totalmente agotada.

Mi viaje de vuelta a Wyoming requirió un cambio de vuelo en Cincinnati, Ohio. Los pasajeros empezábamos a abordar el avión a Salt Lake City cuando se activó la alarma de incendio en la terminal. A pesar de haber viajado muchísimas veces, nunca había tenido esta experiencia, ¡y espero no volver a tenerla nunca! Todos los que nos encontrábamos en la terminal recibimos la instrucción de abandonar el edificio y esperar afuera, en la pista. Traté de cumplir esta directiva pero nadie vino a ayudarme mientras trataba de avanzar en la silla de ruedas en medio de la multitud. Pronto quedé abandonada en la parte superior de unas largas escaleras que conducían hasta la pista y, mientras los demás salían a prisa, me puse a llorar de frustración.

Empecé a sentir una gran lástima de mí misma y de mi situación. No había ningún empleado del aeropuerto a la vista. Como pensé que era más importante que Bill se quedara en Wyoming con nuestros hijos, había rechazado su oferta de viajar conmigo a Michigan. No podía creer que iba a morir en un incendio. ¡Ni siquiera tenía un teléfono celular para pedir ayuda ni para llamar a mis seres queridos para despedirme! Al cabo de un rato, un empleado del aeropuerto me vio y, cuando le expliqué mi situación, me dijo: "No se preocupe. No es más que una falsa alarma".

Qué bueno. Dios todavía tenía planes para mí.

CAPÍTULO 21

MI QUERIDO GEORGE

"Cuando analices tu vida mirando atrás,
te darás cuenta de que los momentos
en que realmente viviste fueron cuando
hiciste las cosas con un espíritu de amor".

—Henry Drummond

Tras mi regreso de Michigan, mi madre vino a Jackson Hole para ayudar a cuidarme y para dar una mano a mi esposo en la atención de nuestros hijos. El día después de su llegada, nos enteramos de que mi padrastro, igual que mi padre unas semanas antes, acababa de ser ingresado en el hospital de su localidad por neumonía. No era la primera vez que George tenía una crisis de estas, pues padecía de un tipo de mielodisplasia, que es un trastorno de la sangre que a menudo produce neumonía. Increíblemente, la enfermedad de mi padre había sido causada por un trastorno similar de la sangre que había sobrellevado durante muchos años, pero que mantuvo en secreto hasta que fue ingresado por última vez. Hablé con el médico de George, quien me aseguró que mi padrastro parecía estar respondiendo bien a los antibióticos, por lo que no debíamos preocuparnos demasiado.

A pesar de estas afirmaciones, mi madre y yo pensamos que tal vez ella debía volver a Carolina del Norte para estar con George. Mientras analizábamos esta situación durante el cafecito de la mañana, un gran búho o cárabo gris descendió y se posó sobre la baranda de la terraza adyacente a nosotros. Como nunca habíamos visto este tipo de búho, quedamos impresionadas y nos dedicamos a admirarlo.

Estos búhos son muy grandes y elegantes. Vimos que uno de nuestros gatos también estaba en la terraza y nos preguntamos cómo reaccionarían los dos animales. El gato avanzó lentamente hacia la baranda y trató de alcanzar al ave. El búho podría habérselo comido vivo, pero se limitó a echar una rápida mirada al gato, ignorarlo y seguir mirando hacia nosotras. Éramos lo único que parecía interesarle.

A lo largo de ese día y los días posteriores, el búho pareció seguirnos cuando pasábamos de una a otra habitación. Una y otra vez mi padrastro y yo discutimos amorosamente por teléfono sobre cuál de nosotros necesitaba más la ayuda de mi madre (él decía que yo; yo decía que él) hasta que, al terminar la semana, me convencí de que debía enviar a mi madre de regreso. Cuando mamá estaba subiendo al taxi para emprender su regreso, el gran búho gris se posó sobre un poste cercano y simplemente me miró con insistencia, como lo había hecho durante toda la semana. No pude ignorar la intensidad de su mirada y sentí como si el búho exigiera toda mi atención. Estaba claro que tenía algo que decir; me estaba indicando que debía acompañar a mi madre a Carolina del Norte.

Mi padrastro y yo teníamos unos lazos afectivos muy estrechos e importantes. Sabía que si George moría sin estar yo presente, me abrumaría el dolor y el remordimiento. A pesar de que seguía estando discapacitada y que me resultaría difícil viajar en esas condiciones, decidí acompañar a mi madre. Tomé mi cartera, eché una última mirada de agradecimiento al búho por su orientación y su persistencia y traté de acomodarme en el taxi.

El viaje a Carolina del Norte resultó ser un proyecto ambicioso y arduo. Fuimos con toda prisa al aeropuerto de Jackson Hole, pero se acababa de ir el último vuelo del día. Un amigo tuvo la gentileza de llevarnos en su camioneta hasta el aeropuerto de Salt Lake City, un viaje por carretera de cinco horas, pero tener que pasar la noche en el asiento trasero de su camioneta mientras esperábamos el siguiente vuelo no fue una manera muy adecuada de descansar.

Cuando al fin llegamos al hospital, encontramos a mi padrastro de buen ánimo. Su hijo, Larry, también estaba presente. Tuvimos varias conversaciones maravillosas y llenas de amor. Al día siguiente, todos celebramos el cumpleaños de mi madre en la habitación de George en el hospital. George se rió, se sintió muy bien e incluso pudo probar unas galletitas, su dulce favorito.

Mi madre y yo sentimos un gran alivio de verlo así y nos sentimos muy animadas a la mañana siguiente. Nos sentamos a la mesa a tomar café y a hablar de la salud de George y la posibilidad de que le dieran de alta. Mientras hablábamos, miramos por el ventanal y nos fijamos en un gran peral de Bradford que estaba completamente pelado. Entonces mi madre me contó la historia de aquel árbol.

A ella y a George les encantaban las grandes flores rosadas de los muchos perales similares que había en su barrio, por lo que años atrás habían sembrado este árbol con la esperanza de disfrutar de su colorido espectáculo anual. Aunque el árbol había crecido mucho con el paso de los años, nunca había dado ni una flor. Mi madre me comentó que George estaba tan apenado por la incapacidad del árbol de echar flores que había sugerido talarlo en la primavera y sembrar uno nuevo. Le encantaban los paisajes coloridos y quería ver un árbol en flor desde la mesa.

Aún nos sentíamos esperanzadas esa mañana, pero al llegar al hospital nos encontramos con una situación radicalmente distinta. George había empeorado y le estaban fallando los órganos. Dios lo estaba llamando y supimos que le quedaba muy poco tiempo en la Tierra. Mi madre, Larry y yo decidimos dejarlo pasar al otro mundo con dignidad y amor. Le retiramos la sonda de alimentación y decidimos no ponerle el respirador artificial. Todos le expresamos nuestro profundo amor y le dimos permiso para marcharse. Nos abrazamos y abrazamos a George cuando sentimos que su espíritu abandonaba este mundo plácidamente.

A la mañana siguiente, cuando nos sentamos a tomar café, miramos por la ventana y nos quedamos boquiabiertas. El peral, que el día anterior estaba pelado, ahora estaba repleto de grandes flores rosadas, bellas y perfectas.

Estas flores coloridas permanecieron en el árbol hasta mucho después de que las heladas habían tumbado las flores de los árboles circundantes. Cuando al fin empezó a perder las hojas, primero las perdió por completo del lado opuesto al que daba a la ventana. Qué buen regalo de mi padrastro. Qué milagro. Posteriormente mi madre mandó a hacer una pintura del árbol, completamente florido, y me regaló el cuadro como forma de celebrar la vida de George y la experiencia que habíamos tenido juntas. He colocado esta pintura en el área de vestidor del baño de mi casa y cada vez que la miro me da una gran sensación de paz y satisfacción.

Mi viaje de regreso a Jackson Hole fue agotador pero tranquilo. No hubo alarmas de incendio ni ninguna otra dificultad inesperada. Cuando al fin llegué a mi casa, volví a ver al gran búho gris, que se posó sobre una estaca a muy corta distancia de mí. Nos miramos afectuosamente. Con lágrimas en los ojos y agradecimiento en el corazón, reconocí al ángel que había dentro del búho y le di las gracias por su orientación.

Nunca he vuelto a ver a ese búho. Su presencia me recordó una vez más que Dios nos ama, dirige nuestros pasos y siempre está disponible para nosotros de una manera u otra. Ciertamente, los mensajeros de Dios están en todas partes y se nos presentan en las formas que somos capaces de aceptar. Puede ser en forma de búho gris u otro tipo de criatura para algunas personas, o de un ser humano para otras.

Como mencioné antes en este libro, estamos rodeados

de ángeles por todas partes y cada uno de nosotros tiene a sus ángeles personales que lo protegen a lo largo de todo el día. Nos ayudan, nos empujan y nos guían de muchas formas sutiles y distintas que normalmente no percibimos. A veces nos empujan hacia delante y, a veces, hacia atrás. Pero lo que siempre quieren es que sigamos el sendero que Dios nos ha trazado.

CAPÍTULO 22

INSPIRACIÓN PARA OTROS

"Te alabaré, Señor, con todo mi corazón;
contaré de las cosas maravillosas que has hecho.
Gracias a Ti, estaré lleno de alegría;
cantaré alabanzas a tu nombre, oh Altísimo".

—Salmos 9:1-2 (NTV)

Un par de meses después, cuando había adquirido un poco más de movilidad, me pidieron que diera charlas en distintas iglesias de mi localidad. Había un gran interés por escuchar mi relato y me sentía feliz de compartir mi experiencia sobre las milagrosas intervenciones de Dios en mi vida. Muchas personas han contado partes de mi historia en ocasiones posteriores. Todavía está circulando una grabación de audio de mi presentación original. Considero que este interés continuo en mi relato demuestra el deseo de la gente de inspirarse y creer en la posibilidad de la intervención de Dios.

A menudo es difícil creer que un Dios todopoderoso pueda interesarse en cada uno de nosotros individualmente o estar dispuesto a intervenir de forma directa en nuestras vidas. Soy científica y entiendo de números y estadísticas. Soy escéptica y un poco cínica. Son muchas las creaciones de Dios en este planeta y nosotros somos muy insignificantes. Me pregunto cómo alguna persona específica puede tener importancia en comparación con el universo y cómo puede ser posible que Dios nos conozca a todos individualmente o incluso nos ame profundamente e interceda cuando sea necesario.

Los científicos no podemos comprender la modificación del tiempo, el espacio y las dimensiones que es inherente a Dios. Está claro que yo no entiendo cómo funciona esto, pero lo he experimentado y acepto que cada uno de nosotros es un hijo especial para Él. Somos humanos y no tenemos la capacidad de entender a Dios ni de empezar a comprender sus posibilidades. Tomemos un ejemplo muy inadecuado: ¿para un padre que tiene varios hijos, es posible que el amor no le alcance para todos? ¿Ese mismo padre o madre valora menos a uno de los hijos porque tiene otros, o quiere menos al hijo que ocasionalmente le provoca enojo? Por supuesto, la respuesta a todas esas preguntas hipotéticas es negativa. Mientras más amamos, más tenemos que ofrecer. Esto mismo sucede con el amor de Dios por nosotros. Es inagotable.

Dios definitivamente nos conoce a cada uno. Cuando digo "conocer", me refiero a un sentido absoluto, completo y puro de la palabra: como una costurera conocería un vestido si hubiera cultivado la planta de algodón, si hubiera creado hilos con las fibras de algodón y si hubiera hecho el tejido y lo hubiera cosido para hacer el vestido. O como un carpintero conocería una silla que ha construido a mano a partir de la madera de un árbol que él mismo hubiera plantado, cuidado y talado. Dios conoce a cada uno de nosotros incluso desde antes de que nos enviara al vientre de nuestra madre.

El hecho de contar mi relato no solo proporcionó inspiración y esperanza a otras personas, sino que liberó a muchos otros para que contaran sus propias historias. Un gran número de personas me ha pedido un par de minutos de mi tiempo. Cada uno empieza la conversación de la misma forma: "Quiero contarle algo que me pasó... Nunca he hablado sobre ello porque pensé que nadie me creería". Entonces cada uno procede a contarme alguna experiencia extraordinaria que le ocurrió, en la que interactuó con ángeles, se comunicó con mensajeros de Dios o estuvo junto a espíritus. Cada uno se siente liberado después de contarme sus experiencias y validado por haber hablado conmigo.

El cerebro humano es muy bueno para recordar sucesos, pero normalmente no lo es tanto para recordar detalles precisos. Si se les pide describir su boda, el nacimiento de su hijo u otros sucesos importantes de sus vidas, a la mayoría de las personas se les habrá ido borrando los detalles más pequeños. Y lo más probable es que los relatos hayan sufrido algunos cambios con el paso del tiempo. Piense en los cuentos de pescadores, que van creciendo cada vez que se cuentan, o en el viejo juego del "teléfono descompuesto" en el que un relato es susurrado de una persona a otra. La última persona de la línea cuenta el relato en voz alta y éste, cuando se compara con la versión original, suele tener muchas diferencias importantes. Incluso los sueños vívidos rara vez permanecen en nuestra memoria más que unos pocos minutos.

Uno de los aspectos verdaderamente extraordinarios de los relatos sobre experiencias relacionadas con la presencia o intervención de Dios es que la descripción de la experiencia se mantiene constante, independientemente de cuánto tiempo haya transcurrido. La gente que ha pasado por una experiencia divina recuerda con claridad y constancia los detalles del incidente y recuerda vívidamente sus emociones como si todo hubiera ocurrido recientemente.

Las historias de casi todos los que me han hablado empezaron con algún tipo de situación traumática. Esto es bastante predecible y es desafortunado que rara vez tengamos conexiones espirituales tan intensas, excepto en condiciones funestas. Creo que cualquiera puede tener las experiencias que yo he tenido, pero me parece que estamos demasiado distraídos por el mundo que nos rodea cuando nos encontramos en circunstancias "normales". Durante circunstancias terribles, estas distracciones desaparecen rápidamente y entonces podemos discernir lo más importante: nuestra relación con Dios.

En el día a día, suele ser muy difícil quitar voluntariamente estas distracciones para poder experimentar a Dios. Mi ministro, Paul Hayden, compara esto con las frecuencias radiales. Tenemos que sintonizar el alma con "la frecuencia adecuada" para poder escuchar los mensajes que Dios nos envía.

Un día, cuando ya me había recuperado lo suficiente como para volver a mi consultorio médico, llegó una mujer que conocía sin haber hecho cita. Sabía que era mi día más ajetreado de la semana, pero insistió en hablar conmigo. Para comprender esta parte del relato, el lector debe entender lo que esta mujer y yo teníamos en común. Poco después de empezar mi trabajo en Wyoming, el esposo de ella acudió a mí en busca de atención médica. Se sometió a una operación importante, en la que yo fui la cirujana, y no tuvo dificultades. Durante su estancia en el hospital después de la cirugía no presentó ninguna complicación. El hombre se sentía magníficamente bien y, al tercer día, empezaba a preparar su alta del hospital.

Sin yo saberlo, mi paciente y su esposa habían ido antes de la operación a ver a su obispo de la Iglesia de los Santos de los Últimos Días, quien les había dado sus bendiciones. El obispo le dijo a la esposa de mi paciente que tendría que renunciar a lo que más le gustaba. Le dijo al paciente que Dios estaba muy contento con él, que el velo que separa a este mundo del otro sería muy fino y que el hombre tendría que hacer una elección.

Días antes, mi paciente y su esposa habían hablado de cómo interpretaban estas bendiciones. Llegaron a la conclusión de que él tendría que escoger entre seguir viviendo en la Tierra o experimentar la muerte física. Los dos eran personas devotas espiritualmente y sabían que mi paciente escogería a Dios. El cuarto día después de la operación, el hombre de repente cayó muerto cuando estaba en el baño. Posteriormente, su esposa me contó que a lo largo del día en que falleció, su esposo estuvo hablando con ángeles que, según él, estaban presentes en la habitación con ellos. Le preguntó varias veces a ella si los podía ver y se sintió decepcionado al recibir una respuesta negativa. Le dijo lo mucho que la quería y la valoraba como esposa, pero que se tenía que ir con los ángeles y que la visitaría.

Vuelvo a la historia que me ocupaba. Debido a estos antecedentes, y a que la mujer había venido desde muy lejos para verme, no podía negarme a dedicarle un poco de mi tiempo. Nos sentamos en el patio exterior de mi consultorio y ella se disculpó muchas veces por haber interrumpido mi jornada, pero tenía algo importantísimo que decirme. Le preocupaba que iba a pasarme algo terrible y sintió la necesidad de advertirme. Me explicó que, desde el fallecimiento de su esposo, su espíritu visitaba ocasionalmente su casa y le daba orientaciones. Llevaba muchos meses sin recibir esas visitas, pero su esposo se le había aparecido en un sueño el día antes de venir a mi oficina.

Durante esta visita, el esposo se había mostrado emocionado y jubiloso. Le dijo que yo había sufrido un terrible accidente y que le había preguntado al Padre Celestial si podía ser uno de los enviados a salvarme. Según le describió a su esposa, su solicitud había sido concedida y había tenido el enorme placer de ser uno de los que caminaron junto a mí y me elevaron durante esos momentos.

Su esposa no sabía nada sobre mi accidente en Chile, pero pudo darme detalles de la escena que solo conocían los que habían estado presentes. Al terminar su relato y suplicarme que tuviera cuidado, le conté sobre mi accidente. Aunque le extrañó que se lo contara en pretérito, no la sorprendió la historia propiamente dicha, pues su esposo ya le había contado los mismos detalles.

CAPÍTULO 23

DIOS RETIRA LA PIEDRA

"La oración de fe no es la convicción interna
de que Dios ha de actuar según nuestros deseos
si simplemente creemos con suficiente intensidad.
Implica creer que Dios siempre responderá
a nuestras oraciones en forma acorde a
su propia naturaleza, propósitos y promesas".

—Alvin VanderGriend

Después del accidente de kayak, me sentía aislada, como si no debiera estar en el mundo. Me deprimía estar en la Tierra y me consumía el tratar de entender lo que me había sucedido y lo que debía hacer con el conocimiento que había obtenido. Durante este tiempo, leí muchos relatos sobre experiencias cercanas a la muerte de otras personas. Me reconfortó saber que mis emociones, reac-

Ida y vuelta al Cielo

ciones y frustraciones eran comunes después de este tipo de experiencia. Igual que muchos otros que habían experimentado la muerte, ahora me afectaban poco las preocupaciones terrenales.

Como resultado, me volví muchísimo más tolerante al comportamiento de otras personas, pero no tanto a la posibilidad de relacionarme con ellas. Siempre había buscado la integración total en mi vida. Mi meta fue siempre ser una mujer honesta, ética y devota en mi vida personal, familiar y profesional. Tenía la intención de seguir una vida de oraciones de agradecimiento y gozo y se me hizo cada vez más importante pasar ratos con personas de mentalidad similar.

Tanto Bill como yo nos mostramos cada vez más frustrados con las actitudes y los comportamientos de algunos de nuestros socios médicos y, en 2004, decidimos que sería mejor trazar nuestro propio rumbo. Queríamos salirnos de nuestro grupo médico, pero esta era una decisión riesgosa. Era el único grupo ortopédico de la ciudad y todos los participantes en la asociación habíamos firmado un acuerdo de no competencia. Considerábamos que nuestra salida estaba justificada, pero era posible que se nos aplicaran las estipulaciones del acuerdo y que necesitáramos buscar trabajo en otra ciudad.

En la primavera de ese año decidimos irnos de vacaciones en familia a Virgen Gorda, una de las Islas Vírgenes Británicas. Todavía estábamos preocupados por cómo saldrían las cosas cuando despertamos en la mañana de Pascua, pero Dios nos dice que no temamos y nos asegura: "Estoy contigo, te fortaleceré, te ayudaré y te sostendré".

Conforme a las promesas de Dios, la mañana de Pascua resultó ser un nuevo comienzo para nuestra familia. Fuimos a un sermón en el salón de conferencias del centro turístico de la playa y allí escuchamos a un enérgico predicador de la isla cuyo carisma envolvía a todos los congregados. No predicó sobre los temas habituales de la muerte y la resurrección de Jesús. Decidió hablar sobre el miedo que sentían los guardias y sobre el poder de Dios en aquel día de la resurrección de Cristo. Señaló que los romanos le tenían tanto miedo a Jesucristo, a pesar de que aseguraban que no se trataba de nadie especial, que se ocuparon de sellar bien su tumba y apostaron guardias por todas partes junto al sepulcro.

El tercer día después de la muerte de Jesucristo, hubo un violento terremoto cuando un ángel del Señor descendió del cielo y quitó la piedra de la tumba de Jesucristo. Lo que el predicador quería explicar cuando se refirió a este relato era que, si Dios está involucrado, nada puede impedir que la piedra sea retirada. Bill y yo sentimos que Dios estaba involucrado en nuestras vidas y que había llegado el momento de quitar nuestra piedra y liberarnos. Tan pronto como salimos del servicio religioso, presentamos electrónicamente nuestras cartas de renuncia al gerente del consultorio. Nos sentimos muy felices cuando recibimos el acuse de recibo y celebramos la llegada de nuestro futuro desconocido.

Al cabo de un par de meses, establecimos nuestro propio consultorio médico. Nunca hemos mirado atrás. Cuando Dios está presente, las cosas suceden. El consultorio prosperó y, cuando el doctor Alvis Forbes volvió de su servicio militar en la Guerra del Golfo, también dejó nuestro anterior grupo de ortopedistas y se unió a nosotros. Es un hombre de gran integridad que compartía nuestro compromiso con un modo de vida integrado y centrado en Dios, por lo que sabíamos que habíamos elegido bien.

CAPÍTULO 24

WILLIE

*"El plan de Dios y su forma de llevarlo a cabo
suelen trascender nuestra capacidad
de discernir y comprender. Tenemos que aprender
a confiar cuando no entendemos".*

—Jerry Bridges

⁓

Gran parte de las revelaciones que me proporcionó el ángel en el campo bañado de sol estaban relacionadas con mi hijo mayor, Willie. Antes de presentarlo, debo volver a afirmar categóricamente que considero que los niños muy pequeños recuerdan con claridad de dónde vienen y todavía están muy unidos al mundo de Dios. Creo que recuerdan fácilmente las imágenes, el conocimiento y el amor del mundo en que vivían antes de su nacimiento. Creo que los niños todavía pueden ver ángeles y muchas otras personas han escrito sobre este fenómeno. A medida que los niños pequeños se integran más en el mundo, sus recuerdos se difuminan y empiezan entonces su viaje personal, que suele estar lleno de desvíos y callejones sin salida, para encontrar su camino de regreso a Dios. Al final, no solo tienen que encontrar a Dios, sino que tienen que optar libremente por aceptar el amor y la dirección divinos. Esta capacidad de libre albedrío la recibimos de Dios y es lo que, después de todo, nos hace responsables de nuestras elecciones, acciones y vidas.

El libre albedrío implica que la elección que va a realizar la persona le pertenece por completo y que nadie la está "obligando" a elegir según ningún criterio ajeno. Esta libertad de elección también implica elegir entre dos o más alternativas y que solo una de estas se puede hacer realidad en un momento dado. Por ejemplo, uno puede elegir entre aceptar o rechazar una invitación a cenar, pero no puede hacer las dos cosas al mismo tiempo. Como describen los expertos en psicología, esta incapacidad de elegir dos cosas simultáneamente crea internamente un conflicto emocional. Se ha demostrado que este conflicto interno es lo que hace que uno examine más profundamente sus propias elecciones, lo que le da como resultado una mayor validez a la elección final.

Cada uno de nosotros puede elegir o rechazar a Dios, pero no puede optar por hacer las dos cosas simultáneamente. Al elegir creer en las promesas de Dios, es posible que uno acepte más firmemente su fe y, por lo tanto, tenga menos probabilidades de flaquear en épocas de lucha, tristeza u otras dificultades similares.

Durante mi hospitalización inicial después del accidente, cuando estaba hablando con Jesucristo en el campo bañado de sol, le pregunté por qué no se le daba a todos los habitantes de la Tierra la oportunidad de pasar por la misma experiencia que yo había tenido. Diríase que, si todo el mundo tuviera esta experiencia, el odio desaparecería, cuidaríamos más el planeta, erradicaríamos el hambre, dejaríamos de hacer la guerra y, en general, nos trataríamos mejor cotidianamente. Ya no recuerdo las palabras exactas del ángel, pero me respondió jovialmente con lo que Jesucristo le había dicho a Tomás: "Porque me has visto, has creído; dichosos los que no han visto y sin embargo creen" (*Juan 20:29, NVI*).

Eso no quiere decir que los niños mayores y los adultos no tengan recuerdos. Al parecer, Dios nos envía a la Tierra con un profundo deseo de buscar significado y espiritualidad y, hasta que logremos satisfacer este deseo, experimentaremos un vacío en el alma. Alguna gente llena este vacío con Dios, otros lo llenan con posesiones materiales u otros deseos mundanos y algunos intentan no llenarlo en absoluto y lo que hacen es abotagar sus sentidos con narcóticos o alcohol.

Así interpreto mis creencias y sobre esta base es que narraré la parte siguiente de mi relato. Willie y yo siempre habíamos sido muy apegados y siempre sentí una gran conexión espiritual con su alma. Cuando era muy niño, tenía quizás cuatro o cinco años, un día, charlando antes de dormir, no recuerdo por qué pero dije algo como: "Cuando cumplas dieciocho años…".

Willie me miró sorprendido y dijo: "Pero es que yo nunca voy a cumplir dieciocho".

En tono medio jocoso, le pregunté: "¿Qué dijiste?". Muy serio, me devolvió la mirada con intensidad, curiosidad e incredulidad, y entonces dijo: "¿Sabes qué? Nunca voy a llegar a los dieciocho años. Ese es el plan y tú lo sabes". Lo dijo como si yo estuviera bromeando con él. Por supuesto, estaba convencido de que yo debía saber cuál era el plan de su vida.

Fue como si me clavaran un puñal en el corazón. Nunca olvidé esa conversación, ni tampoco le resté importancia. A partir de entonces, valoré especialmente cada día de la vida de mi hijo, pues me preguntaba cuándo le llegaría el último.

En los años posteriores a mi accidente de kayak, pensé intermitentemente en mi conversación con Jesucristo acerca de Willie y contemplé las razones de mi regreso a la Tierra. Como Willie me había expresado desde hacía tiempo su certidumbre de que no llegaría a los dieciocho años, supuse que esto no tenía tanto que ver con su protección como con lo que se esperaba de mí como apoyo a mi esposo y a mi familia después de que muriera Willie. Como no quería preocupar a otros con estos pensamientos, me los reservé y no se los conté a nadie. Llegó a ser un juego de espera pero, al acercarse la fecha del decimoctavo cumpleaños de Willie, me llené por dentro de pena anticipatoria.

Por fin le conté a mi esposo sobre la conversación que había tenido con nuestro hijo hacía tantos años. No estoy segura de que él se alegrara de compartir conmigo la carga de la preocupación, pero yo definitivamente me sentí un poquito mejor al decírselo.

Un sábado de verano por la noche, antes del decimoctavo cumpleaños de Willie, tuve un sueño en el que un muchacho, a quien yo no conocía, me decía que "había cambiado de lugar con Willie". Desperté confusa y perpleja. Más tarde ese mismo día, me sobresalté al enterarme de que el chico que había aparecido en mi sueño, un joven muy querido y respetado de nuestra comunidad, había muerto la tarde anterior en un accidente automovilístico mientras se dirigía a un evento de natación. Me sentí culpable y con muchas emociones en conflicto. Me entristecía mucho la pérdida que había sufrido la otra familia, pero sentí alivio al pensar que tal vez nuestra familia se había liberado de la desgracia.

Un par de meses después, recibimos una llamada telefónica en la que se nos daba la trágica noticia de que uno de nuestros amigos más queridos había muerto de forma repentina e inesperada en un campamento de cazadores. Cuatro días después, recibimos otra llamada similar en la que nos contaban sobre la repentina e inesperada muerte de Alvis, nuestro socio en el consultorio médico. Ambos eran amigos queridos y gente extraordinaria que llevaban muchos años activos en la comunidad de Jackson Hole. Nos sentimos desolados, la comunidad quedó sacudida y nuestro consultorio se llenó de luto.

En nuestro país, parece que ya no se hacen funerales. En lugar de ello, "celebramos la vida" de los fallecidos. Pero, en realidad, la única persona que tiene razones para celebrar es el propio fallecido. Los que han muerto experimentan el gozo de volver a la gloria del mundo de Dios, mientras que las personas a quienes dejan atrás quedan tristes y solas y rara vez se sienten gozosas en semejantes ocasiones.

No soy supersticiosa, pero las cosas a menudo ocurren de tres en tres. Nuestra comunidad estaba enlutada por tres fallecimientos. ¿Sería esto un indicio más de que la predicción realizada por Willie hacía tanto tiempo no llegaría a cumplirse? Esta pregunta me embargaba el corazón un mes antes del cumpleaños de Willie, cuando se fue con Eliot y Betsy a un campamento de esquiadores en Suecia. Los tres condujeron hasta Salt Lake City, donde pasaron la noche para ir temprano al aeropuerto a la mañana siguiente.

Después de despachar el equipaje, Eliot y Betsy se quedaron en el aeropuerto mientras Willie regresaba al hotel, donde iba a dejar estacionado el carro. Cuando se dio cuenta de que el tiempo no le alcanzaría para volver al hotel y tomar el autobús de regreso al aeropuerto, decidió volver al estacionamiento del propio aeropuerto y dejar el carro allí. A su regreso, salió de la carretera y se detuvo detrás de varios automóviles que estaban esperando ante una luz roja en la rampa de salida. El pie se le resbaló del freno y el carro avanzó un poco y golpeó levemente al auto que tenía adelante. Willie no creyó que el problema fuera serio, pero de todas formas salió de su carro y se acercó al otro. El conductor del otro vehículo no se hizo a un lado, ni salió de su auto, ni abrió la ventanilla y no quería mirar a Willie.

Confundido ante esta reacción, Willie volvió a su carro, se hizo a un lado de la carretera y me llamó con su teléfono móvil. Como pensé que tal vez el otro conductor no había visto a Willie, o no se había percatado siquiera de que su carro había sido golpeado (aunque, de lo contrario, ¿por qué habría parado en la rampa de salida de la carretera?), le sugerí a Willie que regresara al otro carro y diera un golpecito en la ventanilla para que el otro hombre lo atendiera. Así lo hizo, pero el resultado fue el mismo.

Willie regresó a su carro y volvió a llamarme. Le sugerí que escribiera los datos del seguro en un papel y se lo diera al otro conductor, que caminara hasta su carro mientras seguía conmigo al teléfono y que le ofreciera al hombre la posibilidad de hablar conmigo. Aún al teléfono, oí a Willie acercarse al carro por tercera vez y preguntarle al conductor si quería hablar conmigo. Oí un silencio, seguido de un grito penetrante.

El hombre había sacado una pistola y le estaba apuntando directamente a Willie. Mi hijo se quedó inmóvil del miedo pero, afortunadamente, no apartó el teléfono de su oído. Gracias a eso, no tuve que gritar más que él para que me oyera. Lo que le dije le llegó directamente al cerebro: "¡Corre, métete en tu carro, enciende el motor, vete de allí y no pares!".

Definitivamente no sé si esta persona le habría disparado a mi hijo si yo no hubiera estado al teléfono cuando lo apuntó con el arma. Pero lo que sí sé es que era la única persona capaz de llegar directamente al cerebro de Willie y darle instrucciones que él pudiera seguir sin ponerlas en duda. Creo que, ese día en Salt Lake City, mi hijo llegó a un punto de bifurcación en su vida en el que podría haber muerto, como había predicho, o seguir viviendo. A pesar de las palabras anteriores del ángel, cuando me dijo que yo tendría que ser una roca de apoyo para mi familia y para mi comunidad después de la muerte de Willie, sentí que el plan para Willie había cambiado. Como yo había sobrevivido, Willie no perdió la vida.

CAPÍTULO 25

BILL

"Sabemos que Dios dispone todas las cosas
para el bien de los que lo aman".

—Romanos 8:28 (RVC)

También fui enviada de vuelta a la Tierra para proteger la salud de mi esposo. Recordemos que dos de nuestros amigos más queridos habían muerto recientemente de forma inesperada y, en ambos casos, se suponía que fue por ataques cardíacos. Los dos hombres tenían más o menos la misma edad que mi esposo: cincuenta y tres años. Al igual que mi esposo, los dos estaban en buen estado físico y eran personas activas que no fumaban, ni bebían ni consumían drogas. Ninguno de los dos "debía" haber muerto. Ambos tenían familias muy unidas y amorosas y poseían una profunda fe.

Yo no quería que a Bill terminara sucediéndole lo

mismo, por lo que empecé a importunarlo para que se evaluara su salud cardíaca. Bill considera que, si yo no hubiera vuelto a la Tierra después del accidente de kayak y no hubiera estado presente para empujarlo, probablemente no hubiera considerado la posibilidad de evaluarse. Pero yo estaba aquí y, por lo tanto, se evaluó. En diciembre de 2007 se sometió a una tomografía computarizada para determinar su nivel de calcio. Esta es una prueba especializada en la que se evalúa la cantidad de calcio que está presente en los vasos sanguíneos del corazón. Es una forma no invasiva de determinar si hay enfermedad arterial coronaria y, en caso afirmativo, su grado de avance.

La buena noticia fue que el corazón se veía perfecto: no había calcio ni enfermedad arterial coronaria. No obstante, cuando los médicos le hicieron la tomografía, cometieron un pequeño error al alinear el escáner. Estaba descentrado por una fracción muy pequeña y, al mismísimo borde de las imágenes resultantes, el radiólogo pudo ver un pequeño nódulo en el tejido pulmonar de Bill.

Con la esperanza de que no se tratara más que de una infección, el médico le recetó a Bill antibióticos. De vuelta en casa, nos rompimos la cabeza intentando recordar si Bill había estado expuesto en alguna ocasión a asbestos, tuberculosis o cualquier otro tipo de infección pulmonar que se veía con frecuencia en el sur de California, su lugar natal. Unos días después, se le repitió la tomografía computarizada de los pulmones y las imágenes permanecieron invariables, por lo que se sometió a una biopsia. Los resultados mostraron un tumor maligno en el pulmón. Se programó la operación para quitarle el tumor mediante un procedimiento de toracoscopía. Al día siguiente le dieron de alta y, al cabo de una semana, ya estaba esquiando, aunque sin realizar mucho esfuerzo. Después de eso se recuperó completamente y las tomografías de seguimiento han confirmado que no ha habido recurrencia. Lo más probable es que su resultado favorable se deba a lo pequeño que era el tumor cuando se lo descubrió.

Estamos condicionados para ver cada uno de los sucesos importantes de nuestras vidas como cosas aisladas y a pensar en hechos como los aquí descritos como "coincidencias" o "cuestión de suerte". No obstante, cuando se analiza toda esta secuencia de sucesos, es difícil descartar la posibilidad de que sean milagrosos. Si nuestros dos buenos amigos no hubieran muerto, yo no habría insistido en que Bill se hiciera una evaluación. Teniendo en cuenta el tipo de tumor del que se trataba, si la tomografía no hubiera estado alineada incorrectamente, no hubiera sido detectado hasta que fuera más grande, con lo que habría sido demasiado tarde para que se curara. Si el tumor hubiera sido dos milímetros más pequeño, no habría sido visible en la tomografía. De ser tres milímetros más grande, Bill habría caído en una categoría estadística mucho más terrible, con un pronóstico mucho peor. Si yo no hubiera vuelto del Cielo después de mi accidente, nuestros cuatro hijos habrían quedado huérfanos. En aquel momento, pensé que por esto fue necesario que yo volviera para proteger a mi familia.

CAPÍTULO 26

CHAD

"Dios los salvó por su gracia cuando creyeron. Ustedes no tienen ningún mérito en eso; es un regalo de Dios".

—Efesios 2:8 (NTV)

Chad Long era un joven encantador, pero no lo conocí bien hasta nuestro viaje a Chile. Su espiritualidad resultó ser otra de las explicaciones de mi regreso a la Tierra, ya que se me dijo que yo jugaría un papel importante en su transformación en un hombre devoto. Durante años estuve confundida respecto a esto, ya que creía que Chad ya lo era; había nacido en el seno de una familia cristiana, se había casado con una muchacha cristiana y siempre habló muy abiertamente sobre la influencia de Dios en él y en su vida familiar. Aunque yo era consciente de lo que el ángel me había dicho, realmente no podía imaginar cuánto podría contribuir yo a la fe de Chad.

Mientras me preparaba para escribir este libro, conversé con cada uno de los Long individualmente. Les pedí que me volvieran a contar, sin mis interrupciones ni comentarios, lo que ellos recordaban de mi accidente y sus emociones. Chad compartió conmigo sus recuerdos y, mientras iba describiendo el efecto que los sucesos tuvieron en su vida, me reveló que por muchos años antes de mi viaje a Chile él había pasado por momentos difíciles. No era la persona que quería ser y sentía que había estado debatiéndose en la antigua batalla entre Dios y Satanás. Antes de ir a Chile en el verano de 1999, había estado luchando con una relación enfermiza y se mentía a sí mismo y a los demás sobre el tipo de persona en que se estaba convirtiendo.

Al finalizar la temporada de kayak de aquel año, Chad regresó a Idaho con muchos recuerdos de mi accidente, pero también volvió a la misma relación y ambiente personal enfermizos que había dejado. Luchó con su fe y se preguntó cómo ser un hombre devoto. Dijo que cuando se permitió a sí mismo aceptar las experiencias y milagros relacionados con mi accidente, comenzó a comprender que si una persona puede dejar de priorizar la logística terrenal de la vida, vivir con fe y darle el control a Dios, pueden pasarle cosas maravillosas y ocurrir lo sobrenatural. Sin Dios, nuestras opciones son limitadas.

Él señala a mi accidente como un momento crucial de transformación en su vida; el punto en el cual él se sintió a gusto con su fe y su relación con Dios. Esto lo impulsó a hacer los cambios necesarios para vivir una vida devota.

Actualmente Chad se encuentra reconciliado con Dios, ya no teme alienar al prójimo por manifestar su fe, y confía en que Dios dirige su vida. Hablar con él sobre el impacto que tuvo mi accidente en su vida resolvió mi antigua confusión sobre lo que el ángel me había dicho. Y estoy profundamente agradecida de haber sido un instrumento a través del cual Dios lo llamó.

CAPÍTULO 27

COMPULSIÓN DE ESCRIBIR

"Ya sea que te desvíes a la derecha o a la izquierda, tus oídos
percibirán a tus espaldas una voz que te dirá:
'Éste es el camino; síguelo' ".

—Isaías 30:21 (NVI)

Nuestra vida familiar es por lo general muy agitada y llena de actividades. Cada uno de nosotros tiene una variedad de intereses y anhelos, lo que hace a nuestra vida hogareña apasionante, interesante y satisfactoria, y no siempre predecible. Hacia el principio de 2009 yo había vivido lo que considero eran muchas de las expectativas de Dios para mi vida y me sentía satisfecha. Mi esposo gozaba de buena salud, nuestros tres hijos menores eran activos, felices y crecían como niños maravillosos, y Willie, nuestro hijo mayor, maduraba positivamente.

Luego de cumplir sus dieciocho años, Willie llevó

159

una vida alegre pero desenfrenada. Había pasado una fabulosa temporada practicando esquíes nórdicos, había ganado sus séptimo y octavo Campeonato del Estado de Wyoming (un récord que fue publicado en "Rostros en la multitud" de *Sports Illustrated*). También había logrado expandir la organización ambiental sin fines de lucro que había creado para promover leyes locales para "no mantener el motor encendido" y sumar el apoyo de muchos negocios de la comunidad. Él creía firmemente que alentando a la gente a hacer elecciones conscientes relacionadas con el medio ambiente, como apagar los motores de sus autos, hacía que pensaran sobre sus otras opciones también; hasta los pequeños actos marcan una diferencia cuando se suman. Creía que cada uno de nosotros conformábamos la oleada de esperanza descrita en el discurso de Robert Kennedy de 1966 en la Universidad de Capetown de Sudáfrica:

> *"La historia de la humanidad se forma a través de diversos e incontables actos de coraje y creencias. Cada vez que un hombre defiende un ideal, o actúa para mejorar a muchos otros, o lucha contra la injusticia, lanza una pequeña ola de esperanza, y cuando esas pequeñas olas se cruzan con todas las otras que vienen de un millón de centros de energía diferentes y se retan entre ellas, forman una corriente que puede arrasar con las paredes más poderosas de opresión y resistencia".*

Willie se sentía atraído por los procesos políticos como medio de cambio y en 2008, cuando contaba con sólo dieciocho años de edad, fue elegido por nuestra comunidad como delegado de Wyoming para la Convención Demócrata Nacional en Denver, Colorado. La sinceridad, energía e infinitas ideas de Willie para vivir responsablemente y hacer del mundo un lugar mejor resultaban enormemente contagiosas. Lo apasionaba lograr un impacto transformador en nuestro mundo e inspiró a los que lo rodeaban a interesarse e involucrarse en temas importantes y convertirse en personas mejores durante ese proceso. A él no le importaba cuál era el "problema" de una persona; sólo deseaba que la gente participara y tuviera un impacto transformador. Admiré su pasión y me sentía orgullosa del hombre en que Willie se estaba convirtiendo.

A pesar de sentirme bastante satisfecha con mi vida, sabía que todavía tenía al menos un gran trabajo que hacer para cumplir con Dios: debía compartir las historias y experiencias de mi vida, conversar y escribir sobre ellas. Sabía que me habían otorgado muchas vivencias durante mi vida, mi muerte y mi regreso para que yo pudiera compartirlas y así contribuir a que otros dejaran de dudar y creyeran, convencidos de que la vida espiritual es más importante que nuestra vida terrenal. Que creyeran que Dios está presente y trabaja en nuestras vidas y nuestro mundo; que todos somos una parte bellísima del tapiz intrincado de la creación; que no existe eso llamado "coincidencia".

Sabía lo que debía hacer, pero no deseaba hacerlo.

En los años posteriores a mi accidente de kayak, fácilmente seguí el dictado de Dios de estar siempre alegre, rezar sin cesar y agradecer en todas las circunstancias. Mi experiencia con Dios era parte de mi respiración (hasta nombré a mi bicicleta nueva "Aliento de vida"). Nunca dejé de sentirme agradecida por las bendiciones que había recibido; pero no me sentía motivada a escribirlas. Empecé a sentir culpa por no realizar mi tarea y hasta por pensar en ella como una "tarea" más que como un privilegio. Me embargaba una culpa creciente por no vivir a la altura de lo que yo imaginaba que era la voluntad de Dios para conmigo. Sentía una gran presión respecto al deber de escribir mi historia, pero siempre quedaba al final de la interminable lista de cosas que necesitaba/debía hacer… ordenar el garaje, sacar de los armarios la ropa que ya no usábamos, comprar tarjetas de Navidad fuera de temporada, escribir/llamar más a mi familia, organizar álbumes de fotos y cosas así.

Soy muy buena en postergar las tareas pendientes, así que mantuve mi vida como solía hacerlo hasta que, un día de primavera en 2009, me desperté muy temprano con una sobrecogedora necesidad de escribir mi historia. Me consumió completamente. Comencé a levantarme a las cuatro o cinco de la madrugada (las únicas horas en que podía escribir sin ser interrumpida) y me maravillé de cómo las palabras aparecían sin esfuerzo en la pantalla de la computadora. Escribía un par de horas todas las mañanas antes de comenzar la rutina familiar de prepararse para irse a la escuela y al trabajo. Al cabo de una semana, el primer borrador de este libro estuvo terminado. Quedé seca en el plano emocional, pero pude realizar un par de revisiones antes de perder nuevamente la motivación.

Aquella fue una temporada llena de actividades para nuestra familia y dejé languidecer este manuscrito por un par de meses. Peter estaba finalizando su segundo año de escuela media. Betsy su primero de secundaria y Eliot estaba contemplando sus opciones para ir a la universidad mientras se preparaba para su graduación de la escuela. Willie estaba viviendo temporalmente en Washington, D.C., disfrutando todo lo que la ciudad tiene que ofrecer, y Bill y yo continuábamos trabajando mientras tratábamos de mantener organizados los horarios de todos.

Willie finalizó su temporada en Washington y regresó a Wyoming para celebrar la graduación de Eliot el 29 de mayo de 2009.

Los hermanos planeaban irse de Jackson Hole el fin de semana siguiente para comenzar una nueva aventura. El plan era conducir a través del país y vivir juntos al norte de Maine mientras se entrenaban en esquí durante seis meses en el Club de Deportes Invernales de Maine. El día antes de partir, Willie me preguntó sobre como escribir un testamento. Quería saber quién escribe un testamento, por qué alguien lo escribiría y si él debería preperar uno. También quiso saber si yo tenía una póliza de seguro de vida para él y, cuando supo que yo nunca había pensado en ello, quiso saber cómo yo podía obtener una. Me acosó con aquello. Aunque mantener esta conversación con un joven saludable de diecinueve años me hizo sentir extraña, le aseguré que investigaría el asunto.

En el plano emocional soy equilibrada y nunca me he considerado particularmente sensible cuando uno de mis hijos comienza algo nuevo o se marcha de viaje. Siempre me he sentido entusiasmada, sabiendo que nos mantendremos en comunicación. La mañana en que mis dos muchachos se marcharon para Maine fue diferente. El Subaru de Willie iba cargado con la mayoría de sus posesiones materiales, y mientras los veía hacer sus últimos preparativos, recordé el día en que llevé a Willie a su primer día de clases de preescolar. Ese día, que ahora parece como de otra vida, Willie me besó y atravesó confiadamente la puerta del aula. Verlo caminar por el pasillo y sumergirse en su futuro me abrumó y conmovió, y lloré gran parte del camino a casa.

Cuando los muchachos y yo nos paramos al lado del Subaru para despedirnos, les repetí cuánto los amaba, que fueran cuidadosos al conducir, que me llamaran desde la carretera y muchas otras cosas que las madres generalmente decimos en esos momentos. Al abrazarnos comencé a llorar; casi no podía dejarlos ir. Recuerdo que abracé a Willie por un poco más de tiempo de lo normal. Lo miré directamente a los ojos y le dije cuánto lo quería y cuán extraordinario era el joven en que se había convertido. Les dije a los dos cuán orgullosos estábamos Bill y yo de ellos y qué aventura maravillosa tendrían juntos. Se marcharon y, a pesar de hablar con ellos muchas veces al día mientras estaban en la carretera, me sentía abatida emocionalmente.

Quizás estaba inquieta esperando un futuro que ya había visto.

CAPÍTULO 28

EL DÍA MÁS LARGO
DEL AÑO

*"Yo estoy con vosotros todos los días,
hasta el fin del mundo".*

—Mateo 28:20 (LBLA)

⁓

Los muchachos llegaron a Fort Kent, Maine, y se asenta-
ron en una rutina. Vivían en el centro de entrenamiento
con varios deportistas y estaban encantados con el programa de preparación. Se ejercitaban duro y disfrutaban
de explorar sus nuevos entornos. Unos amigos nuestros,
Sophie y Derek, cuyos hijos asistieron a la escuela con los
chicos, poseían un hostal de pesca no lejos de donde los
muchachos estaban viviendo. El hostal queda en Canadá,
a la orilla del río Grand Cascapedia. Allí el ritmo de vida
es relajado y lleno de actividades como natación, pesca en

canoas, juegos y la confección de corazones de almíbar de arce mientras se cuentan historias alrededor de una hoguera. La familia de Sophie y Derek pasaba mucho tiempo allí cada verano y los muchachos aceptaron felizmente la amable invitación a visitarlos.

Una tarde, Willie se encontraba pescando en una canoa con Sophie y dos de sus bellos perros *golden retrievers*, Rusty y Lucky. Sophie es una persona amorosa y cooperativa que disfrutaba escuchar y alentar todas las ideas que Willie tenía para el futuro. Como sabía que la vida de él era más que plena e inclinada hacia un ritmo extremadamente rápido, Sophie se sorprendió al observar que Willie era un pescador calmado y grácil. No se aburría y no parecía importarle si realmente agarraba o no un pez; simplemente disfrutaba de la belleza de los alrededores y el flujo y reflujo del río mientras conversaba con ella. Aparentemente sin venir a colación, Willie le preguntó a Sophie qué sabía sobre el alma. Ella le contestó que creía que el alma es la esencia del ser con una conexión directa con Dios. También le dijo que pensaba que nuestras almas son intemporales y que vienen a la Tierra para aprender algo nuevo u obtener crecimiento espiritual.

Willie demostró interés en sus respuestas, le hizo otras preguntas y luego se quedó reflexionando sobre lo que ella le había dicho. Después expresó cuán feliz se encontraba y cuán agradecido estaba por la vida que había tenido. Remaron hasta donde el hijo de Sophie se hallaba en la ladera del río y cuando salieron de la canoa, ella se maravilló con la capacidad de Willie para pasar fácilmente de una profunda discusión sobre el alma a actuar juguetonamente con su amigo. Al otro día Willie se despertó y desayunó sus cinco pedazos de tocineta habituales con cuatro huevos, dos tostadas y panqueques con almíbar de arce casera antes de regresar a Fort Kent con Eliot para continuar su entrenamiento de esquí.

Durante la madrugada del 21 de junio de 2009, yo sentí de nuevo un tremendo apremio por terminar este manuscrito y finalizar mi trabajo. Al comenzar la tarde, finalmente había completado lo que consideré sería la última versión de mi manuscrito. La euforia que sentí al hacer clic en el botón "guardar" y apagar mi computadora fue algo que nunca antes había sentido y tengo dificultad para describirla adecuadamente. Fue como una explosión de libertad en mi alma. Me sentí ligera y feliz y magnífica. Estaba colmada con el alivio de haber cumplido esta tarea y agradecida por la experiencia que me condujo a la misma. Había obedecido a Dios. La vida no podía parecer más esplendorosa.

Todavía me sentía muy animada cuando mi hijo menor, Peter, y yo fuimos en el auto hasta el pueblo un rato más tarde. Decidimos tomarle el pelo a Eliot sobre algo, así que lo llamamos desde mi auto. Accidentalmente yo había tocado el botón de *speaker* de mi teléfono, por lo que cuando la llamada fue respondida por una voz desconocida, Peter también pudo escuchar las palabras de esa persona. Preguntamos por Eliot, pero el hombre nos dijo que Eliot no podía hablar. A pesar de que no había ningún matiz alegre en su voz, pensamos que trataba de parecer gracioso. Yo no le reconocí y pensé que era algún otro esquiador del programa de entrenamiento. Le pedí que dejara de bromear y le pasara el teléfono a Eliot. Él repitió su nombre (era uno de los entrenadores de esquí de los muchachos), y me dijo que Willie había sufrido un accidente de rollerski y había muerto.

Traté de controlar el pánico que comenzaba a nublar mi cerebro y a dificultar mi respiración. Le dije que dejara de bromear, que no era divertido, y le volví a pedir por favor que le pasara el teléfono a Eliot. Esta conversación se repitió una y otra vez hasta que yo giré el carro inmediatamente y conduje a toda velocidad hasta casa. No podía comprender las palabras que el hombre decía. Entré a nuestro hogar corriendo y le grité a mi esposo: "Habla con este hombre, que ni puedo entender lo que está diciendo".

Nuestro mundo cambió para siempre.

CAPÍTULO 29

MI HIJO PRECIOSO

"¡Quédense quietos y sepan que yo soy Dios!"

—Salmos 46:10 (NTV)

Al otro lado del país, el mismo día había comenzado con un sentido de regocijo similar. Willie pasó la mañana con Eliot y luego se reunió en la tarde con su amiga Hilary (otra esquiadora) en la casa de su familia en Fort Fairfield. Planificaban pasar la tarde arreglando una vieja y oxidada bicicleta que habían recogido de una venta de garaje días antes y luego practicar rollerski por un par de horas antes de cenar con la familia de ella. Por si no está familiarizado con el rollerski, es similar al esquí de fondo a campo traviesa. Se utilizan unos esquíes cortos con ruedas de polietileno en cada extremo y un ribete en la parte superior donde va montada la bota del esquí. Pueden usarse para esquiar sobre pavimento, con o sin los bastones de esquí. Los esquiadores de la modalidad nórdica practican rollerski para incrementar la resistencia, trabajar en la técnica y desarrollar la fortaleza específica del esquí cuando no hay nieve.

El 21 de junio de 2009 era el solsticio de verano, el día más largo del año, y el clima era maravilloso en Nueva Inglaterra. Cuando pasaron esquiando por un cementerio, Willie le contó a Hilary que cuando era pequeño me había dicho que no llegaría a cumplir dieciocho años y que, el día de su decimoctavo cumpleaños, yo había ido hasta su habitación en un hotel en West Yellowstone a las cuatro de la mañana sólo para abrazarlo y verificar que estaba vivo. Conversaron sobre la muerte y lo que esta significaba para cada uno de los dos. Él fue bien específico al describir sus sentimientos sobre la muerte y le dijo a Hilary lo que quería que se hiciera en caso de que él muriera. Por ejemplo, tenía muy claro que quería ser incinerado. Expresó que usar la tierra para entierros no concordaba con su amor por el planeta y su pasión por el cuidado responsable de la Tierra.

Cuando llegaron esquiando hacia el punto medio de su recorrido, se detuvieron en la cima de una colina desde donde se veía un precioso río. Contemplaron cómo el sol se ponía y los rayos dorados de luz se reflejaban en el agua, los árboles y las colinas distantes creando una escena mágica. Luego continuaron esquiando y el último comentario de Willie fue: "Si muriéramos, ¿no sería esto un final increíble?". Menos de tres minutos después, Willie estaba muerto.

Erik, un joven de Fort Fairfield que había celebrado su cumpleaños número dieciocho unas semanas antes, había decidido "conducir por los alrededores" esa tarde. Cuando su auto se acercó a la sección del camino por el cual Hilary y Willie esquiaban, ambos escucharon el motor del carro y se arrimaron al lado derecho lo más posible. Continuaron esquiando a lo largo del camino y esperaron a que el auto pasara. Esto es algo que todos los esquiadores de la modalidad nórdica han experimentado miles de veces durante sus entrenamientos fuera de temporada. Pero Erik estaba distraído con su teléfono celular. A pesar de la clara visibilidad que hubiera tenido de Hilary y Willie si hubiese estado prestando atención, Erik no vio nada.

Hilary vio con horror como el veloz carro de Erik golpeaba a Willie por detrás. No llegó a golpear a Hilary, quien esquiaba al lado de Willie, sólo por unas pocas pulgadas. Mi hijo precioso murió instantáneamente.

CAPÍTULO 30

EL OTRO LADO DEL TIEMPO

"Muéstrame tu misericordia por la mañana,
porque en Ti he puesto mi confianza.
Muéstrame el camino que debo seguir,
porque en tus manos he puesto mi vida".

—Salmos 143:8 (RVC)

Hacia la medianoche del 21 de junio, por la gracia de Dios y los esfuerzos y gentileza de un filántropo local, Bill, Peter, yo, el ministro de nuestra familia y nuestros queridos amigos Dave y Ellen, que "por casualidad" estaban en un momento en el que podían sin problema dejar súbitamente sus trabajos y abandonar la ciudad, viajábamos a Maine en un avión privado. Los amigos que nuestra hija Betsy estaba visitando en Vermont la estaban llevando en su auto a Fort Fairfield, y Eliot estaba hospedado con la familia de Hilary. Ellos junto con Eliot nos esperaban en el aeropuerto cuando llegamos temprano a la mañana siguiente.

Willie había muerto instantáneamente, por lo tanto nunca fue transportado a un hospital. Condujimos directamente al salón funerario y pasamos las largas horas de la mañana limpiando el cuerpo destrozado de Willie, y ungiéndolo con nuestras lágrimas y nuestro amor. Durante ese tiempo de inimaginable tristeza, el amor de Dios nos sostuvo y nos ayudó a superar la pena.

Visitamos el lugar donde Willie había muerto, y me asombré de sentir tantas emociones mientras examinábamos lentamente y absorbíamos los detalles del área. Mi primera observación fue que Willie no estaba allí. No sentí ninguna conexión física ni reacción emocional con el lugar físico. Ese era simplemente el lugar donde su espíritu había abandonado este mundo. También sentí que él había tratado de elegir un lugar que nos pareciera agradable, accesible, identificable y hermoso. Su cuerpo inerte había caído en un área cubierta por rosas alpinas silvestres, con vista a un valle atravesado por un arroyo sinuoso, y rodeado de verdes colinas.

No estoy segura de por qué me parece importante, pero el lugar donde murió Willie era hermoso. Dios se llevó a nuestro hijo, pero no había venido la Muerte con su guadaña. Dios había enviado a sus ángeles más bellos y amorosos para llevarse el alma de Willie hasta el paraíso.

Los días que pasamos en Fort Fairfield transcurrieron muy lentamente, en medio de una extraña sensación de realidad. Nuestra fe, nuestro ministro y nuestros amigos nos brindaron el apoyo y la ayuda firme pero compasiva que nos permitió atravesar esos momentos. Sin ellos y la incondicional aceptación de que nuestras vidas eran parte del gran plan de Dios, hubiera sido casi imposible soportar el viaje a Maine, o el doloroso retorno a casa con las cenizas de Willie.

En Maine habíamos estado protegidos y resguardados de la gente y las llamadas telefónicas. Pero durante el viaje a casa nos angustió pensar en lo que nos traerían los siguientes días y semanas. No teníamos deseos de hablar con nadie, ni de ver a nadie. Solo queríamos permanecer en nuestro aislado mundo de dolor. Pero al llegar a casa nos sentimos profundamente emocionados y nos vimos obligados a salir de ese mundo y a aceptar el afecto y apoyo de nuestros amigos y vecinos. Ellos habían llenado la entrada de nuestra casa con una amorosa colección de plantas con flores. Willie había apreciado la belleza de plantas en flor, pero nunca le gustaron las flores cortadas, porque de esa forma su vida se reducía. Cortadas, eran apreciadas durante un tiempo limitado y luego eran tiradas a la basura. La decisión de nuestros vecinos de traer plantas en flor en lugar de ramos de flores cortadas era un homenaje perfecto para Willie y estas nos envolvieron visualmente con su amor.

Junto con las flores vino la promesa de plantarlas la siguiente semana, en lo que se convertiría en un jardín de flores anuales y perennes. Lo único que yo tenía que hacer era decidir dónde se plantarían. Nuestra casa está sobre un terreno de seis acres que anteriormente habían sido tierra de cultivo. Aparte de hierbas silvestres, la única vegetación consistía en árboles, arbustos y césped que habíamos sembrado cuando construimos la casa, pero siempre disfruté mucho de caminar por la propiedad y estudiar el terreno. Willie y yo compartíamos a menudo este placer, y comentábamos sobre los variados cambios de color, forma y frondosidad de las diversas plantas a medida que cambiaban las estaciones.

En los días que siguieron a nuestro regreso de Maine, caminar por nuestra propiedad era la única actividad que proporcionaba algo de sosiego a mi alma atormentada y destrozada. Mientras caminaba trataba de encontrar algún sentido a mi vida, pensaba en lo que diría en la ceremonia conmemorativa para mi hijo, y estudiaba mentalmente el terreno, tratando de decidir dónde sembrar el jardín florido de Willie. Una mañana, cuando caminaba frente a un pequeño grupo de sauces, recibí una gran sorpresa. El área que circundaba cada sauce estaba cubierta de capullos de rosas alpinas silvestres, de un hermoso color rosa. Estas flores tenían exactamente el mismo color, forma y apariencia que las que había en el campo donde murió Willie. Antes de visitar el lugar del accidente, nunca había visto uno de esos capullos, y ciertamente nunca había visto uno en nuestra propiedad.

Willie conocía la historia de los capullos rosados del peral de Bradford, que aparecieron inmediatamente después de la muerte de mi padrastro. Sabía cuán significativo y conmovedor había sido ese evento para mi madre y para mí, y había visto muchas veces colgado en mi cuarto de baño el cuadro que mostraba ese árbol. Sé que ese día, por medio de las rosas, Willie nos había enviado un mensaje de amor y gratitud, y en cierta forma nos estaba pidiendo perdón por habernos dejado. Creo que sabía que esta era una de las pocas formas de comunicación que no pondríamos en duda.

Para completar la historia del peral de Bradford, siguió produciendo hermosas flores durante cinco años, hasta que súbitamente fue alcanzado por un rayo que lo destruyó. Era como un mensaje que le decía a mi madre que "era tiempo de seguir adelante" con su vida. Me pregunto si las hermosas rosas alpinas que ahora cuidamos con tanto amor desaparecerán algún día.

CAPÍTULO 31

DONES DE COMPASIÓN

*"Cuando miro en tus ojos, sé que hay un Dios. La compasión
humana y la capacidad de amar no son el resultado
de la pura casualidad".*

—Charles W. Gerdts, III

Las primeras semanas después de la muerte de Willie
hubo otras expresiones de amor y amabilidad en las que
mi familia y yo encontramos consuelo. Un día apareció un
cuaderno de notas en la estantería de libros. Adentro estaban varias cartas que Willie había escrito la noche antes de
cumplir diecinueve años, varios meses antes de su muerte.

Había escrito cartas a algunos de sus entrenadores
y amigos queridos, agradeciéndoles por los recuerdos,
por su continua amistad y apoyo y por el impacto que
habían tenido en su vida. Sus cartas estaban escritas con
el corazón y casi parecían cartas de despedida; algo poco

usual para un muchacho de dieciocho años. También había escrito otras cartas, una al presidente Obama y a Will-I-Am, un músico que admiraba; y una al presidente Lincoln, en la que mencionaba la sensación de serenidad y profunda inspiración que había sentido cuando estuvo frente a su monumento en Washington, D. C. Willie escribió que sentía que él podía tener un impacto importante, y que podría ser el próximo Abraham Lincoln. Quería hacer "que *todo* el mundo fuera un lugar mejor".

También escribió una carta para sí mismo. En ella hablaba de la gran aventura que había sido su vida. Observó que no había sido una vida simple, pero asumía que esto era "porque había mucho que ver y hacer en tan poco tiempo". También escribió sobre lo agradecido que se sentía por su familia, sus amigos, su Dios y su fe. Esa carta fue un maravilloso regalo para mí. Me confirmó que Willie tenía una relación con Dios, que comprendía su importancia y que había estado "en buenos términos" con Dios antes de su muerte.

Willie tenía una habilidad especial para hacer que todas las personas se sintieran especiales, y cada una de ellas tenía una relación especial con él. Después de su muerte, muchos se acercaron para expresar su tristeza y su gratitud por la vida que había llevado Willie. Todos mencionaron que Willie había cambiado sus vidas, las había mejorado. El senador John Kerry llamó para expresar sus condolencias. Subrayó la influencia de Willie en su oficina, los cambios que había inspirado, y el impacto que había tenido en el equipo del senador. Asimismo, Kerry grabó un video de tributo para la ceremonia conmemorativa de Willie.

La cantante y compositora Carole King era amiga de Willie y trabajó con él cuando estuvo en Washington, D.C., atraída por el compromiso de Willie con el medio ambiente y su creencia de que cada individuo tiene la capacidad de producir un cambio significativo en el mundo. Después de su muerte, King nos envió su canción "In the Name of Love". Es una canción que habla sobre la certeza del cambio, la importancia del amor, y que recuerda al oyente que todos somos parte del círculo de nacimiento, vida y muerte. En las semanas posteriores a la muerte de Willie escuché la canción muchas veces, ya que me recordaba continuamente que, con Dios, cada día trae nuevas oportunidades y esperanza. Su suave melodía conmovió muchos corazones cuando se tocó en el funeral.

Los miembros de la comunidad lloraron y sufrieron con nosotros. El mundo del esquí tenía roto el corazón. Cientos de personas de todo el país acudieron para asistir al funeral de Willie, oraron con nosotros y para nosotros, e hicieron todo lo posible por aliviar el dolor. Nosotros nos reunimos todos los días con nuestro ministro y nos rodeamos de amigos queridos. Pegué en la puerta de mi refrigerador el siguiente credo, y me aferré a él para ayudarme a sobrevivir.

Mi credo diario

Creo que las promesas de Dios son verdaderas.

Creo que el Cielo es real.

Creo que nada puede separarme del amor de Dios.

Creo que Dios tiene una misión para mí.

Creo que Dios me ayudará a seguir adelante y me sostendrá cuando no pueda caminar.

Dios siguió ayudando a nuestra familia mes tras mes, mientras luchábamos por seguir adelante. No comprendo cómo alguien puede atravesar una experiencia como esta sin confiar en el plan de Dios.

Cuando era niña me enseñaron el *Salmo 23:4* ("Aun si voy por valles tenebrosos, no temo peligro alguno porque tú estás a mi lado; tu vara de pastor me reconforta"), que se refería a la propia muerte de uno y la peligrosa senda que conducía de nuevo a Dios. Ahora creo que en realidad se refiere a las personas que quedan atrás y sufren. A medida que las personas desdichadas caminan por el valle de la sombra de la muerte de una persona querida, su tristeza, confusión, rabia y desesperación pueden, casi inadvertidamente, abrir la puerta de sus corazones, permitiendo que entre en ellos, silenciosamente, la maldad.

Yo había pasado por la muerte de mis abuelos, mis padres o amigos y había descubierto que la tristeza es siempre un proceso solitario y aislado, y que la muerte de un ser querido tiene un significado diferente para cada persona que sufre. En esas circunstancias, sin embargo, siempre es posible buscar ayuda en el cónyuge u otro miembro de la familia. El aislamiento y la tristeza después de la muerte de un hijo o un hermano es exponencialmente mayor debido a que los miembros inmediatos de la familia, que de otro modo podrían ofrecer consuelo, están igualmente afectados por la pérdida.

El momento que elige Dios siempre es perfecto, y creo que esa es la razón que me impulsó a publicar mi historia antes de la primavera de 2009. Para mí, escribir este manuscrito fue una experiencia muy intensa emocionalmente. A lo largo de los años yo había limitado rigurosamente el tiempo que dedicaba a pensar en los eventos relacionados con mi propia muerte y el regreso a la vida. Amo mi vida, amo a mi familia y creo que mi misión en la Tierra aún no está completa. Pese a eso, recordar la magnificencia de Dios de forma tan vívida hacía que me consumiera un profundo deseo de regresar. Siempre he protegido mi corazón optando por no pensar en ello durante demasiado tiempo. Me imagino que este deseo es similar al que deben sentir los adictos en recuperación al recordar los mejores momentos durante la etapa en que consumían drogas. En todo caso, siempre encontré que era emocionalmente agotador y peligroso dedicar demasiado tiempo a recordar esos hechos y eventos y volver a sentir esas emociones en sí mismas.

Al escribir este libro, me permití aceptar completamente las experiencias espirituales previas a mi accidente y las que siguieron: reviví los detalles y me sumergí en la realidad física, emocional y espiritual de esos momentos. Ello me hizo sentir nuevamente embargada por la certeza de la continua y activa presencia de Dios en mi vida. Su absoluta gracia, Su amor puro y Sus promesas para el futuro. De nuevo me invadió la dicha de Su espíritu y la certeza de que cada evento forma parte de una trama más grande y más hermosa.

El hecho de volver a vivir y experimentar esas emociones y recuerdos me dio la capacidad de convertirme en el poderoso soporte físico, emocional y espiritual que fue esencial para mi familia y para mi comunidad después de la muerte de Willie. Tal vez si hubiera escrito este libro varios años antes, no hubiera recordado tan claramente las palabras que me habían susurrado los ángeles, o las muchas razones por las que había regresado a la vida.

Bill y yo nos quedamos sorprendidos al descubrir que la emoción predominante durante el primer año después de la muerte de Willie fue el temor. Temor a no poder emerger de la niebla emocional. Temor a nunca más poder sentir alegría. Temor a fallarles a nuestros otros hijos. Temor a olvidar. Creo que sentíamos un gran temor y angustia ante un futuro incierto que no incluía al hijo que tanto habíamos amado. Alguien me dijo: "Cuando amas con todo el corazón, sufres con todo el corazón", y estoy en completo acuerdo con esto.

Pero tenía fe en que, si se lo pedía, Dios no solo nos ayudaría a sobrellevar la pena, sino que también protegería nuestras almas durante esos momentos de vulnerabilidad emocional. En cualquier caso, para mi esposo fue difícil erradicar tanto su tristeza y su temor como su desesperación.

CAPÍTULO 32

EL MOMENTO OPORTUNO

"Hay algo de bueno en lo peor de nosotros y algo de malo en lo mejor de nosotros. Cuando descubrimos esto, somos menos propensos a odiar a nuestros enemigos".

—Martin Luther King, Jr.

Me encanta esquiar, y ocho meses después de la muerte de Willie, mi hijo Eliot y yo fuimos a esquiar campo adentro. Este tipo de esquí de fondo requiere colocar pieles sintéticas de animales en la base de los esquíes, lo que permite escalar por montañas cubiertas de nieve, en terrenos que de otro modo serían inaccesibles. Al llegar a la cima, se retiran las pieles y la emoción de esquiar montaña abajo, generalmente en una nieve fresca y blanca, justifica el esfuerzo del ascenso. Me gusta divertir a mis hijos, y al caer la tarde estaba demostrando mi destreza ante Eliot, que filmaba un video de mis movimientos. Decidí esquiar sobre un barranco y tratar de "seguir el viento", algo que no siempre hago bien y que habitualmente provoca las risas de Eliot y mis otros hijos. Pero en lugar de seguir el viento, mis esquíes se torcieron en diferentes direcciones y me fracturé el tobillo. Por lo menos Eliot pudo grabar la escena con la cámara.

En ese punto, mis opciones eran muy limitadas. No podía esquiar, y Eliot no podía cargarme. Pensamos utilizar nuestros esquíes para construir un trineo, pero había que escalar una colina empinada y no creí que esa solución fuera efectiva. Ya comenzaba a sentir frío y sabía que pasarían varias horas antes de que Eliot pudiera llegar esquiando hasta contactar al equipo de Búsqueda y Rescate, y volver con ellos hasta donde me encontraba. Decidí que la única alternativa razonable era ajustarme la bota de esquí (añadiendo algo de estabilidad a mi tobillo) y enfrentarme a un lento y doloroso recorrido. Utilicé mis bastones de esquí y mi pierna sana para sostenerme y caminar por las colinas, tratando desesperadamente de dejar libre mi pierna lesionada. El camino de vuelta a nuestro automóvil duró un par de horas y estuvo acompañado de las mil maldiciones que me arrancaba el dolor. Como una interesante nota adicional, había leído recientemente un estudio realizado por Stephens, Atkins y Kingston en que evaluaban las palabrotas como una reacción ante el dolor (*NeuroReport*, 5 de agosto, 2009, volumen 20, edición 12; 1056-60). En el estudio, se recopilaron dos colecciones de datos en base a cuánto tiempo podían los voluntarios mantener un brazo sumergido en agua helada, un conocido estimulante del dolor, mientras decían una palabra común para describir una mesa o gritaban una palabrota de su preferencia. Los autores descubrieron que los voluntarios tuvieron mucho más tolerancia al dolor cuando utilizaban palabrotas. Mientras recorría la distancia hasta nuestro auto, realicé mi propio experimento. Hice la prueba de gritar palabras como "nieve", o "árbol", o diferentes maldiciones. Al final estuve completamente de acuerdo con los resultados del estudio de Stephens.

Esa noche me hicieron una operación quirúrgica para reparar el tobillo, y tuve que quedarme a dormir en el hospital. En ese tiempo, un sacerdote de Ruanda, llamado padre Ubald, estaba "por casualidad" visitando a una amiga en Jackson Hole, y ella lo trajo al hospital para rezar conmigo. Para comprender quién es el padre Ubald, y lo que él representa, es necesario conocer su historia.

Los orígenes del genocidio de 1994 en Ruanda son complejos, y las divisiones étnicas en ese país, entre los hutus y los tutsis, se remontan a mucho tiempo atrás. La polarización tribal llegó a su punto crítico después del asesinato del presidente Juvenal Habyarimana, que era hutu. En un período de cien días, más de 800.000 personas fueron sistemática y violentamente asesinadas.

En medio de esta matanza, el padre Ubald, un sacerdote católico cuyo padre tutsi había sido asesinado en el derrocamiento del gobierno de Ruanda en 1962, y personalmente había sufrido amenazas de sus compañeros de seminario en los años ochenta, se vio obligado a huir primero a la residencia de su obispo, y luego al Congo, a cambio de la promesa de los hutus de no perjudicar a los miembros de su parroquia. Tan pronto como hubo partido, los miembros hutu de su parroquia traicionaron su promesa y mataron a hachazos a aproximadamente 45.000

tutsis de su parroquia. Más de 80 miembros de su familia inmediata, incluyendo a su madre, fueron exterminados en las primeras dos semanas de la masacre.

Antes de huir, el padre Ubald prometió a su obispo que regresaría para llevar consuelo a su gente. La masacre finalmente terminó cuando el Frente Patriótico de Ruanda recuperó el poder, pero los sobrevivientes quedaron traumatizados por la intensidad de la maldad que había sufrido su país. Los sobrevivientes de diferentes grupos étnicos se sentían terriblemente culpables: culpables por haber sobrevivido, culpables por no haber hecho lo suficiente para prevenir o mitigar los conflictos. Muchos buscaron vengarse, pero como se ha dicho, "No hay venganza tan completa como el perdón".

El padre Ubald pasó muchos meses orando y sus lágrimas llenaron un río antes de viajar a Lourdes, Francia. Fue allí, mientras meditaba en las Estaciones de la Cruz, donde escuchó la voz de Dios, que le pedía liberarse de sus penas y "tomar su cruz". Dios llenó su corazón con un sentimiento de perdón que solo puede venir de Dios. Posteriormente, se reunió y perdonó al alcalde de su pueblo, que era el hombre que había ordenado el asesinato de la propia madre del padre Ubald. El padre asumió la responsabilidad de los hijos de ese hombre, tratándolos como si fueran suyos e inclusive pagando por sus estudios.

El padre Ubald es un hombre que irradia la pureza de la gracia de Dios, y predica perdón y reconciliación. También ofrece misas de sanación, utilizando sus dones para curar y renovar a otras personas. Realiza misas de sanación en Ruanda, Europa y Estados Unidos. Está construyendo en Ruanda un centro llamado El Secreto de la Paz, que atenderá a los pobladores de Ruanda y las áreas aledañas de Congo y Burundi, países que han visto mucha guerra, pobreza y trauma. Trabaja incansablemente buscando el perdón, la reconciliación y la paz para los pobladores de Ruanda y del resto del mundo.

Debido a su experiencia en sanación, mi amiga Katsey lo trajo a mi habitación en el hospital para rezar por mi tobillo. Cuando llegaron yo aún estaba tan adormecida por la anestesia y los analgésicos que no tardaron en marcharse. Al día siguiente, el padre Ubald insistió en que, cuando me sintiera mejor, fuera a verlo a la casa de Katsey. Unos días más tarde fui a visitarlo, acompañada por Bill.

Conversamos brevemente, pero entonces el padre Ubald tornó inmediatamente su atención hacia Bill. Juntos oraron durante más de una hora. Yo tenía ganas de llorar al presenciar la bella escena, ya que nunca había visto a Bill demostrar abiertamente su espiritualidad y esta fue la respuesta a muchos años de oraciones por parte mía. La semana siguiente el padre Ubald vino a cenar a nuestra casa, y la conversación giró hacia el tema de las pérdidas y el sufrimiento. Conocer su historia hace que el interlocutor lo escuche con extremo interés, y nos conmovió oir sobre sus experiencias y las de su pueblo, y el interminable proceso de tristeza y perdón. Según dice, las complejas emociones relacionadas con una pérdida siempre incluyen alguna forma de cólera o rabia, culpabilidad o vergüenza, que requieren perdonar antes de alcanzar la verdadera curación, aceptación y reconciliación. El Padre Ubald también subrayó que el perdón no necesita ser mutuo. Viene del fuero interno de la persona, y no requiere que la otra persona se involucre, lo acepte o lo admita.

A medida que hablábamos de las diversas facetas del perdón, comencé a reconocer que, pese a que creía que la muerte de Willie era parte del gran plan de Dios, también sentía cólera y tal vez rabia además de tristeza. Me enfurecía que el descuido de Erik al conducir hubiese causado el accidente que mató a mi hijo precioso. Que nunca nos llamara después para expresar tristeza o remordimiento. Me daba cólera saber que, según había oído hablar, seguía siendo un joven sin futuro, sin objetivos ni pasión por tener un impacto positivo en el mundo, o inclusive para sí mismo. Me enfurecía que hubiera robado la vida de mi hijo, y sin embargo no parecía estar aprovechando su propia oportunidad para tener una vida plena. Sabía que debía perdonarlo y rezar por su futuro.

También sentía enojo hacia mí misma, y me invadía un sentimiento de vergüenza y culpabilidad. La semana previa a la muerte de Willie yo había estado visitando escuelas en Vermont con mi hija, y pese a que hubiera sido posible, decidí no gastar más tiempo ni dinero y descarté combinar ese viaje con una visita a Maine para ver a mis dos hijos mayores. Esa era una de las pocas cosas que lamentaba con respecto a la vida y muerte de Willie, y me atormentaba. Sabía que también necesitaba perdonarme a mí misma.

También me atormentaba la sensación de que había fallado en mi responsabilidad hacia Dios. Sabía que una de las razones por las cuales volví a este mundo después de mi accidente fue ayudar a sostener a mi familia, y sobre todo ayudar a mi esposo a sobrellevar la muerte de nuestro hijo. También debía ayudarlos a descubrir su relación con Dios. Había hecho todo lo posible, pero en febrero de 2010 ninguno de ellos parecía estar más cerca de Dios, y Bill continuaba afectado por un sentimiento de desesperación. Me sentía vacía y derrotada. Era incapaz de ayudarlo a él, a mis hijos o a mí misma.

Cuando oí hablar al Padre Ubald, observé su actitud alegre y amorosa. Súbitamente se me ocurrió que, de una manera egocéntrica, yo misma había estimulado mi sensación de derrota. Había dejado de acudir a Dios en busca de ayuda, pensando que era algo que debía lograr por mis propios esfuerzos. Creía que podía lograrlo. En ese proceso, había permitido que me invadieran silenciosamente sentimientos de temor y culpabilidad. Todavía seguía sumida en el valle de la sombra de la muerte, y la puerta de mi corazón estaba totalmente abierta. En ese mismo momento pedí a Dios que me ayudara, y de inmediato me sentí perdonada y libre, al saber que Dios estaba en control. Oré pidiendo guía. Pedí a Dios que ayudara a mi familia a salir del duelo, y oré porque Bill comenzara a ver un rayo de esperanza. Una vez más, podría decir que Dios respondió a mis oraciones, aunque ciertamente no de la forma que yo había imaginado.

En nuestra conversación sobre pérdida y perdón, el Padre Ubald identificó el sentimiento de desesperación de Bill, y creo que también mi sensación de fracaso. Observó que mientras que la tristeza refleja amor, la desesperación refleja la destrucción del alma que a menudo acompaña a la tristeza. Entonces se levantó de la mesa, llenó un recipiente con agua y procedió a caminar por toda nuestra casa rociando esta agua bendita sobre todas las cosas… En realidad, más que rociar, vertía una gran cantidad de agua. La regó por todos los rincones de todas las habitaciones, en cada armario y sobre cada objeto y cada superficie… Sobre todas las cosas en todos lados. Mientras lo hacía conminaba a la maldad de la desesperación a abandonar nuestro hogar y nuestra familia.

Nunca he sido católica, por eso no sé realmente qué pensar del agua bendita, pero sé una cosa: después de la visita del Padre Ubald nuestras vidas cambiaron. Aún sentíamos la tristeza de la pérdida, pero el sentimiento de temor y desesperación que había estado destruyendo lentamente nuestras vidas se esfumó esa noche.

¿Fue tan solo una "coincidencia" que me hubiera fracturado el tobillo en el momento en que el Padre Ubald estaba de visita, o que yo hubiera estado demasiado débil para hablar con él en el hospital, lo cual hizo posible que el Padre Ubald trajera la salud espiritual para Bill, para mí y para toda nuestra familia? Tal vez lo fue, pero creo que es más probable que se trate de otro ejemplo de la perfectamente organizada secuencia de eventos de Dios.

CAPÍTULO 33

CONCLUSIONES LÓGICAS

"Y ahora permanecen la fe,
la esperanza y el amor, estos tres;
pero el mayor de ellos es el amor".

—1 Corintios 13:13 (LBLA)

⌇

Al pensar en la historia de mi vida, reconozco que cada una de mis experiencias me ha preparado para la siguiente. Hay un orden y una secuencia divina en mi vida, y esa secuencia me preparó para mi mayor desafío hasta el momento: la muerte de mi hijo. Desde su muerte sigo con mi credo diario (el que pegué en mi refrigerador), porque refleja las convicciones y conclusiones lógicas que ya reconozco como verdaderas, basada en mis experiencias anteriores.

1. *Creo que las promesas de Dios son verdaderas:*
    Dios nos promete no abandonarnos. Dios

promete abrir la puerta cuando llamamos, y siempre darnos la bienvenida a su amor, no importa cuánto nos hayamos apartado. En mi vida, Él cumplió con sus promesas cuando trajo a George a mi vida, cuando estuvo a mi lado en el auto que se desplomaba, cuando nos mostró a mí y a mi instructor de buceo la salida de una gruta en Florida y cuando me ahogué en un río en Chile. Me demostró su amor inclusive cuando era una adolescente rebelde y cuando dejé que quedara rezagado en mi vida. Tengo la seguridad de que Dios tenía un plan para Willie y para nosotros.

2. *Creo que el Cielo es real:* Mi paciente Jennifer vio a los ángeles. Mi otro paciente que murió después de una cirugía en la columna vio ángeles y describió el Cielo y a los ángeles a su esposa. Yo lo viví en carne propia después de mi accidente en kayak. El Paraíso que vi era tan puro, tan magnífico y lleno de amor que no quise regresar a este mundo. Cuando mi vida todavía pendía de un hilo, también sentí que mi esposo y mis hijos estarían bien inclusive si yo moría. No tengo dudas de que Willie vaciló en dejar atrás a su familia, pensando en lo que sufriríamos. Pero también estoy segura de que de igual forma se sintió tranquilo antes de regresar, jubiloso, hacia Dios.

3. *Creo que nada me puede separar del amor de*

Dios: El amor de Dios estuvo presente en mí cuando perdí el control, cuando el camión quedó atascado en el lodo en medio de las montañas mexicanas y durante los muchos momentos en que me sentí angustiada por mi vida personal o profesional. Dios me sostuvo y me amó cuando quedé atrapada en una cascada y morí. Él evitó que sintiera dolor o preocupación. La experiencia de Su presencia, Su amor y Su compasión me aseguró que Willie no había sentido dolor al final de su vida. Es probable que su espíritu haya abandonado su cuerpo antes de quedar destrozado, y yo estoy convencida en que fue recibido por muchos testigos felices y emocionados.

4. *Creo que Dios tiene una misión para mí:* Mientras estuve en el hospital después de mi accidente, los ángeles hablaron del trabajo que todos realizamos en este mundo, y mencionaron algunos detalles específicos acerca del trabajo que aún me quedaba por hacer. Era evidente que Willie había completado su misión en la Tierra. Vivió apasionadamente, amó profundamente, conquistó triunfos e inspiró a otros a convertirse en personas mejores. Tuvo muchos logros en sus diecinueve años, e hizo que este mundo fuera un lugar mejor para todos. Cumplió con su cometido.

5. *Creo que Dios me ayudará a seguir adelante y*

me sostendrá cuando no pueda caminar: Hay muchos ciclos en la vida de una persona, y todos experimentamos dolor, preocupación, decepción, sufrimiento y otras dificultades. Se ha dicho que no es posible apreciar verdaderamente la felicidad sin sentir también tristeza. Yo había vivido muchas tristezas antes de la muerte de Willie, algunas pequeñas y otras grandes. En cada una Dios estuvo a mi lado, ayudándome a seguir adelante hasta poder avanzar sola y albergar una pequeña semilla de esperanza para el futuro. Esta historia me permite tener la certeza de que no importa cuán devastada e insegura pueda sentirme con respecto a mi futuro, Dios siempre estará presente para acompañarme y conducirme hacia un futuro feliz. Cada evento, sea triste o alegre, me ha hecho sentir con más fuerza la intervención de Dios en mi vida, y me ha dado mayor fe en el amor incondicional de Dios.

Aún no sé qué me reserva el futuro. No dudo de las promesas de Dios y me siento agradecida por haber tenido a Willie en nuestras vidas. Fue un magnífico maestro y modelo a seguir, un excelente hijo y amigo. Willie creía que el cambio comienza con cada individuo, y adoptó apasionadamente la idea de Mahatma Gandhi: "Debemos ser el cambio que queremos ver en el mundo". En la aparentemente acelerada presencia de Willie en este mundo, tuvo muchos logros e inspiró a otros a seguir sus pasos.

Les mostró una forma de vida mejor. Ciertamente, él fue el cambio que él deseaba ver en el mundo.

Willie sabía quién era y qué representaba. Siguió sus sueños. Era bondadoso y siempre pensaba en los demás antes que en sí mismo. Esperaba que cada uno de nosotros nos miráramos al espejo todas las noches y nos preguntáramos qué habíamos hecho *hoy* para ayudar a otra persona o para hacer que el mundo fuera un lugar mejor para todos.

No creo que una pérdida de esta magnitud sea algo que una persona pueda "sobrellevar" o "superar", palabras esperanzadoras, pero imposibles de realizar. Llorar una pérdida es aprender a incorporar ese dolor en una nueva vida y una nueva realidad. Como escribió Martha Hickman en su libro *Healing After Loss* (HarperCollins, 2009): "No hay escape, solo queda seguir adelante".

Muchos han dicho que mi experiencia es extraordinaria. Tal vez lo sea. Pero lo que encuentro más extraordinario es cuán fácilmente muchas personas en nuestra sociedad creen en absurdos e infundados mitos y conspiraciones (Pop Rocks y Coca-Cola, el asesinato de JFK, el SIDA como una enfermedad creada por el hombre, etc.), y sin embargo descartan miles de testimonios personales y consistentes de milagros y experiencias cercanas a la muerte de personas de todas las culturas y religiones.

He pasado más de diez años reflexionando sobre mis experiencias y preguntándome qué debo hacer con ellas. Durante este tiempo he seguido siendo lo que siempre fui: esposa y madre, cirujana de la columna vertebral, científica, realista y cínica, y sin embargo he cambiado profundamente. Sé que por encima de todo soy una criatura de Dios. Sé que Dios ama y valora a cada persona sobre la Tierra. Sé que todos somos apenas pequeños hilos en el glorioso tapiz de Dios, pero también sé que nuestras decisiones y actos son importantes y realmente tienen un impacto.

Esta certeza ha cambiado la forma en que interactúo con mis pacientes. Reconozco la fuerza en que la salud emocional y espiritual de un paciente influye en su recuperación, y puedo utilizar mis propias experiencias para infundirles esperanzas, inclusive si sufrieron serias lesiones o incapacidad. A menudo rezo por mis pacientes, y de vez en cuando con ellos. Ahora considero que mi papel profesional es más el de alguien que "cura", que el de alguien que se limita a "reparar" sus problemas mecánicos.

No sé por qué Dios decidió intervenir en mi vida, que ha sido una vida muy ordinaria. Me criaron con religión, pero nunca acudí a las promesas de Dios en mi beneficio hasta que estuve en la escuela secundaria. Cuando era estudiante dediqué muy poco tiempo a pensar en mi vida espiritual, pese a que creía que Dios había intervenido en mi vida cuando estaba buceando en Florida Springs. Podría decir lo mismo acerca del tiempo que pasé en la escuela de medicina y la residencia. Al igual que muchos, toda mi energía estaba centrada en los detalles y obligaciones de la vida diaria, y en el esfuerzo por encontrar un equilibrio entre el trabajo, el matrimonio y los hijos. Pese a haber sentido personalmente la presencia de Dios en mi vida, mi espiritualidad no comenzó a desarrollarse hasta que me puse a pensar en lo que quería para mis hijos.

Debido a que en muchas formas me considero una

persona como cualquier otra, sigo haciéndome la misma pregunta: "¿Por qué yo?". ¿Por qué Dios decidió darme estas experiencias extraordinarias en lugar de hacerse presente ante mi primo, que murió en las garras de la adicción a las drogas, o ante alguno de los muchos millones de otros creyentes que han clamado por Su ayuda? Por naturaleza y entrenamiento soy analítica, científica y escéptica. Creo que no podría creer en todos los eventos que ocurrieron en mi vida si no hubiera experimentado cada uno de ellos en carne propia. ¿Cómo es posible que todo lo que he descrito suceda en la vida de una persona, y por qué es posible dejar de dudar y simplemente creer?

No conozco todas las respuestas a estos interrogantes, pero sé que millones de personas tienen mucha necesidad de conocer a Dios, de recibir Su amor, de sentir Su presencia y aceptar la verdad de Sus promesas.

La gente pregunta por qué ocurrieron tantos milagros en la antigüedad, pero no en la actualidad. Respondo que ahora siguen ocurriendo milagros, en las vidas de la gente común. Pero también afirmo que la mayoría de las personas no buscan milagros, no los reconocen por lo que realmente son, y no creen realmente en su origen divino incluso si su naturaleza milagrosa es evidente.

Las experiencias de mi vida contradicen los conceptos de coincidencia y suerte. Apoyo la idea de que solamente existe la presencia orientadora y el plan de Dios, quien utiliza a Sus ángeles y mensajeros para guiarnos y para comunicarse con nosotros.

El rey Salomón escribió en Eclesiastés que "la gente no puede ver el panorama total del trabajo de Dios de principio a fin", y yo estoy totalmente de acuerdo con eso.

Nuestras vidas nos impulsan siempre hacia el futuro, pero solo las comprendemos cuando analizamos el pasado. Por lo tanto, desafío a todos a llevar un diario de coincidencias durante seis a doce meses. En el diario, anoten todos los detalles de cada "coincidencia" que les suceda. En una columna anoten los detalles de todos los eventos importantes de sus vidas... Cuáles son, o fueron, las circunstancias relacionadas con su ingreso a la universidad, al conocer a su futuro cónyuge, encontrar trabajo, elegir dónde vivir, y así sucesivamente. Tomen nota cada vez que algo importante se de fácilmente. De igual manera, cada vez que tengan un problema, anoten el eventual resultado. Anoten las cosas "malas" que les sucedan, y en una columna adyacente, anoten cuáles fueron las consecuencias directas o indirectas de ellas. Creo que cuando lean su diario al final del ejercicio, verán claramente cuántas personas, eventos, decisiones y resultados están interconectados. Creo que verán un patrón de relaciones que no pueden atribuirse al azar. Verán la evidencia de la mano de Dios en sus vidas, y comprobarán que Dios tiene un plan para ellas. Comenzarán a reconocer eventos coincidentes como los milagros que realmente son, y sabrán que Dios está con ustedes inclusive en momentos de tristeza, soledad o inclusive desgracia. Como dijo Chad Long alguna vez: "No permitamos que la vida enrede lo que ocurre. Todos somos parte de un milagro".

En *Hebreos 11:1 (RVC),* está escrito: "Ahora bien, tener fe es estar seguro de lo que se espera; es estar convencido de lo que no se ve". Martin Luther King, Jr. interpretó esto en el mundo de la acción cuando dijo: *"La fe es subir el primer escalón inclusive cuando no podemos ver toda la escalera".*

Es esta fe lo que nos libera. Nos permite aceptar la vida en su totalidad, disuelve el temor y reemplaza la preocupación por la esperanza. La fe nos permite caminar confiadamente con Dios hacia un futuro lleno de felicidad; un futuro que puede ser una aventura extraordinaria y asombrosa.

Dios nos creó, nos conoce, nos ama y nos guía. Con amor y gracia nos ordena:

- Siempre encontrar dicha en esta convicción.

- Llevar una vida de oración, ensalzando la gloria de Dios y buscando continuamente Su guía.

- Llevar una vida de gratitud, dando gracias en todas las circunstancias.

PREGUNTAS Y RESPUESTAS
CON LA DRA. NEAL

Desde la publicación de mi libro, he respondido a muchas preguntas sobre los detalles de mis experiencias. Algunas de las preguntas más frecuentes aparecen a continuación.

¿Dónde está Jesús en esta historia?

Creo que Jesús me estaba sosteniendo, confortando y protegiendo cuando me estaba ahogando. También creo que fue con Jesús con quien estuve conversando mientras estaba fuera de mi cuerpo en el hermoso campo bañado de sol. Esto no lo especifiqué claramente cuando escribí la primera edición de mi libro, porque todavía no estaba segura de ello. Soy una persona como cualquier otra y me pareció presuntuoso y arrogante pensar que Jesús dedicaría un momento para estar conmigo.

¿Pertenece usted a una iglesia?

Acudo regularmente a una iglesia y he servido en la comisión de ancianos, pero creo que lo más importante es amar al Señor nuestro Dios con todo el corazón, alma e intensidad. Vivo en una hermosa área montañosa y mucha gente afirma que las montañas son su iglesia. Piensan que pueden adorar a Dios desde allí en lugar de hacerlo desde el interior de un edificio. Eso puede ser cierto, pero la pregunta, como dice a menudo mi pastor, no es si una persona puede adorar a Dios mientras está en las montañas, sino, ¿adorará esa persona a Dios mientras está en las montañas? Sin importar el mal que algunas personas han hecho en nombre de Dios o mientras estaban escondidas detrás de las puertas de una iglesia, yo pienso que la institución es mayor que los individuos que se encuentran en ella. Las iglesias proveen un lugar de reunión para personas que comparten las mismas creencias, para que se apoyen y estimulen la fe mutua. Son un lugar donde se puede oir la Palabra de Dios, dejar atrás el mundo y concentrarse tan solo en la relación espiritual de uno mismo con Él. Así como Dios nos puede ver en cualquier lugar donde estemos, la variedad de confesiones religiosas permite acomodar a personas en todas las etapas del desarrollo espiritual.

¿Está usted haciendo esto solo para ganar dinero?

También yo soy escéptica sobre la motivación de muchas personas, pero Dios me ha dado estas experiencias con un propósito, y estoy tratando de obedecer a lo que Él me ha ordenado. Una parte de los ingresos de la venta de este libro en inglés será donada a diversas organizaciones benéficas (puede encontrar la lista completa de organizaciones en la sección "Giving Back", de mi sitio web).

¿Por qué demoró tanto en escribir su libro?

Creo que el hecho de no haber deseado realmente regresar a este mundo es una parte importante de mi historia. Cuando ocurrió el accidente de kayak, mis cuatro hijos eran aún pequeños, y aparte de comentarlo con mis amigos y miembros de mi parroquia, no hablé mucho de mis experiencias porque nunca quise que mis hijos pensaran que ellos no habían sido una razón suficiente para que yo deseara no volver a este mundo. Era cirujana, esposa y madre de cuatro niños, y francamente no había querido volver. Era una persona muy privada; no era escritora. Finalmente, el momento que elige Dios siempre es perfecto; terminé de escribir el primer bosquejo horas antes de la muerte de mi hijo Willie.

¿Por qué debería creerle? ¿No está usted simplemente tratando de convencer a la gente para que adopte sus creencias?

Me tocó la misión de compartir mis experiencias con la mayor precisión y exactitud posibles. Eso es todo lo que estoy haciendo.

¿Cómo se veía la gente que estuvo con usted en el Cielo?

La gente, o los seres, eran brillantes. Tenían forma física, pero parecían estar vestidos con túnicas muy vaporosas, por lo cual no vi brazos o piernas muy definidos. Sí vi sus cabezas, pero el resplandor parecía desenfocar los contornos de forma que sus ras-

gos eran indefinidos. No parecían jóvenes ni viejos, simplemente atemporales. Cuando tuve experiencias fuera del cuerpo, mientras estaba en cuidados intensivos, vi niños jugando al otro extremo del campo donde estaba sentada.

¿Qué aspecto tenía Jesús?

Creo que Jesús me estaba sosteniendo mientras me encontraba bajo el agua. En ese momento escuché que me hablaba, pero no lo vi. Creo que estaba conversando con Jesús en el campo soleado durante mis últimas experiencias fuera del cuerpo. Estaba sentado sobre una roca mientras que yo estaba sentada en el suelo y, como las personas que me habían conducido por el camino hacia el Cielo, Él llevaba una especie de túnica vaporosa e irradiaba belleza y resplandor. Su cabello era largo. Sus rasgos indefinidos. No sé cómo describirlo, pero mi principal impresión de Su aspecto fue de amor (sí, me doy cuenta de que no podemos "ver" el amor, pero como lo dije, no sé cómo describir el fenómeno de "ver" algo que uno normalmente "siente"). Me comunicó sentimientos de amor, compasión y bondad totales, e infinita paciencia.

¿Vio algún animal?

No vi animales, pero solo vi un par de lugares y no tengo idea de las cosas y lugares que no pude ver.

¿Cuáles fueron sus lesiones, y por qué no pidió una evacuación médica?

Me sorprende que los lectores hayan querido conocer los detalles de mis lesiones, pero fueron estas: en una pierna sufrí una frac-

tura de la meseta tibial, un desgarro del menisco y desgarros del ligamento cruzado posterior, la cápsula posterior y los ligamentos colaterales de la rodilla. En la otra pierna sufrí una fractura de la tibia proximal y el peroné, desgarros en la cápsula posterior y los ligamentos colaterales, y un estiramiento del ligamento cruzado posterior. Básicamente, mis rodillas se doblaron completamente hacia atrás para permitir que mi cuerpo saliera del kayak. Para cuando llegué a la sala de emergencia también sufría de neumonía y un síndrome severo de dificultad respiratoria, lo que básicamente es una reacción de los pulmones causada por el trauma, y reduce significativamente la capacidad de los pulmones para transferir oxígeno al sistema sanguíneo. El oxígeno suplementario y otros cuidados son importantes, pero aparte de darles tiempo a los pulmones para recuperarse, no existe un tratamiento efectivo para esta condición que a menudo conduce a la muerte. Al principio, mi nivel de saturación de oxígeno era 40 (los niveles normales deberían estar entre 80 y 100), y aumentaron a 60 con oxígeno suplementario. Por lo general estos niveles no son sostenibles sin causar serios daños orgánicos. Desarrollé una profunda trombosis venosa en las piernas, lo cual requirió anticoagulación, y fui sometida a múltiples operaciones quirúrgicas y una larga rehabilitación. No sufrí lesiones cerebrales, y eventualmente mis piernas sanaron como era de esperarse. Ciertamente vivo con las consecuencias permanentes de mis lesiones físicas, pero he podido retomar muchas actividades físicas recreativas. Debimos haber pedido evacuación médica. Pese a que las cosas salieron "bien", fue arriesgado e irresponsable, ciertamente es algo que nunca recomendaría. Había decidido volver a casa en avión para estar con mis hijos, y pensé que debido a que yo era médica, mis piernas estaban entablilladas y estaría viajando con otro médico (mi esposo), todo saldría bien. Sin embargo me encontraba en estado de shock y no estaba lista para enfrentarme a los problemas de este mundo; mi esposo también estaba en estado de shock. Alguien debió decirnos que no estábamos pensando claramente, pero éramos los únicos médicos abordo y creo que los demás se conformaron con nuestra lógica (o la falta de ella). Francamente, me avergüenzo de esta parte de mi historia.

¿Cómo era su fe antes del accidente en kayak, y cómo cambió después su vida espiritual?

Antes de mi accidente, era cristiana y creía que la Biblia era históricamente la palabra absoluta y exacta de Dios. Sin embargo, no era lo que se podría calificar como profundamente espiritual o profundamente religiosa, y no tenía ideas preconcebidas sobre la vida después de la muerte. Mi experiencia me cambió profundamente tanto en lo espiritual como en lo religioso. Ahora sé que las promesas de Dios son verdaderas, que hay una vida después de la muerte y que nuestra vida espiritual es eterna. Si bien reconozco las limitaciones de la religión organizada, la apoyo y participo plenamente en ella.

¿Cómo cambió su percepción de lo que es Dios?

La certeza absoluta de que Dios es real, que tiene un plan para cada uno de nosotros y que realmente hay vida después de la muerte ha cambiado la forma en que vivo cada día. Ya no le temo a la muerte, y eso también cambió la forma en que concibo la muerte de los demás, inclusive la de mi propio hijo. Sé que cada día realmente cuenta, y que necesito ocuparme de los asuntos de Dios cada día. También sé que Dios ama profunda e incondicionalmente a todas las personas… inclusive a aquellas con las que yo podría no estar de acuerdo. Eso me motiva a buscar en ellas la belleza que ve Dios.

¿Cómo pueden aplicarse esas experiencias a otras personas, o utilizarlas para enfrentar dificultades?

He dado muchos detalles de mi vida, no para que otros traten de imitarla, sino para demostrar que es posible transformar a la fe en confianza, que uno puede enfrentar cualquier dificultad con el corazón lleno de gratitud y alegría. Lo que quiero decir es esto: un niño pequeño alberga la esperanza de que Dios hará lo que ha dicho que hará. Cuando hablamos de eso y vemos a Dios interviniendo en la vida de los demás, esa esperanza se transforma en la fe de que Dios hará realmente lo que dice que hará. No todos tienen una profunda experiencia espiritual como mi experiencia cercana a la muerte, pero dedicar un tiempo a analizar los patrones de la vida diaria y observar cómo cada evento se desarrolla en una forma que no podría ser resultado del azar, permite a cualquier persona creyente comenzar a ver a Dios interviniendo en su propia vida. Creo que solo cuando una persona ve realmente a Dios moldear su propia vida, su fe puede transformarse en una confianza completa de que Sus promesas son verdaderas. La absoluta seguridad de que Dios tiene un hermoso plan, un plan de esperanza, nos permite a todos nosotros enfrentar dificultades con confianza y valentía, inclusive cuando el plan y su belleza no parecen evidentes.